"大设计"译丛

国家社科基金艺术学重点项目"中国设计人类学理论
与方法研究"（项目编号：24AG023）研究成果
重庆市人文社会科学重点研究基地四川美术学院视觉
艺术研究院资助出版

李敏敏　主编

Routledge
Taylor & Francis Group

藝科

What Objects Mean: An Introduction to Material Culture

物的意味
物质文化概论
（原书第2版）

WU DE YIWEI
WUZHI WENHUA GAILUN

【美】阿瑟·阿萨·伯格　著
（Arthur Asa Berger）

李敏敏　罗　媛　译

中国纺织出版社有限公司

What Objects Mean: An Introduction to Material Culture, 2nd edition

By Arthur Asa Berger / 9781611329049

First published 2014 by Left Coast Press, Inc.

Published 2016 by Routledge, a member of the Taylor & Francis Group, LLC.

Copyright © 2014 Taylor & Francis

Authorized translation from the English language edition published by Routledge, a member of the Taylor & Francis Group, LLC.

All Rights Reserved

本书原版由 Taylor & Francis 出版集团旗下 Routledge 出版公司出版，并经其授权翻译出版。版权所有，侵权必究。

China Textile & Apparel Press is authorized to publish and distribute exclusively the Chinese (Simplified Characters) language edition. This edition is authorized for sale throughout Mainland of China. No part of the publication may be reproduced or distributed by any means, or stored in a database or retrieval system, without the prior written permission of the publisher.

本书中文简体翻译版授权由中国纺织出版社有限公司独家出版并限在中国大陆地区销售。未经出版者书面许可，不得以任何方式复制或发行本书的任何部分。

Copies of this book sold without a Taylor & Francis sticker on the cover are unauthorized and illegal.

本书封底贴有 Taylor & Francis 公司防伪标签，无标签者不得销售。

著作权合同登记号：图字：01-2021-1636

图书在版编目（CIP）数据

物的意味：物质文化概论 /（美）阿瑟·阿萨·伯格著；李敏敏，罗媛译 . -- 北京：中国纺织出版社有限公司，2025.8

（"大设计"译丛）

书名原文：What Objects Mean——An Introduction to Material Culture

ISBN 978-7-5229-0331-6

Ⅰ.①物… Ⅱ.①阿…②李…③罗… Ⅲ.①物质文化－研究－世界 Ⅳ.① G112

中国国家版本馆 CIP 数据核字（2023）第 053177 号

责任编辑：华长印　石鑫鑫　　责任校对：李泽巾
责任印制：王艳丽

中国纺织出版社有限公司出版发行
地址：北京市朝阳区百子湾东里 A407 号楼　邮政编码：100124
销售电话：010—67004422　传真：010—87155801
http://www.c-textilep.com
中国纺织出版社天猫旗舰店
官方微博 http://weibo.com/2119887771
北京华联印刷有限公司印刷　各地新华书店经销
2025 年 8 月第 1 版第 1 次印刷
开本：710×1000　1/16　印张：14.75
字数：158 千字　定价：128.00 元

凡购本书，如有缺页、倒页、脱页，由本社图书营销中心调换

此书献给温迪和伊万·莱维森

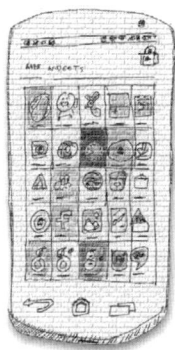

前 言

P R E F A C E

本书（第 1 版）简要介绍了 5 种学习者可以通过不同的排列组合方式运用的分析物质文化的方法，它们包括：弗洛伊德精神分析理论（Freudian Psychoanalytic Theory）、符号学理论（Semiotic Theory）、社会学理论（Sociological Theory）、文化理论（Cultural Theory）、考古学理论（Archaeological Theory）。

之所以提到这些理论，是因为我理解物品和人造物的最好方法是在进行分析时使用这些理论中的相关思想和概念，也就是说，要用多学科的方法来研究物质文化。

书中第一部分首先解释这些理论。

第二部分则基于已经解释的理论，利用来自不同学科学者的资料对一些物品进行阐释。我还将应用书中理论部分提到的一些概念和理论来分析这些人造物。我在对每件人造物讨论的结尾处都会提出一些问题，这些问题将有助于你厘清在分析这件人造物和其他人造物时应该探寻的是什么。本书将帮助你学习如何结合符号学、社会学、精神分析学、人类学、经济学（马克思主义）和考古学理论，对物品和人造物进行分析和解释。

　　第三部分，我提供了一些学习型游戏，完成这些游戏需要你应用在本书前两部分学到的内容。这些学习型游戏可以三人一组在课堂上玩（我认为这是最好的安排），也可以布置为家庭作业。在教学中，我时常在课程中使用学习型游戏，我发现我的学生很喜欢它们。与此同时，他们也因被要求在游戏中应用所学到的思想和概念而受益颇多。

　　这些游戏也可以布置为家庭作业。也就是说，每个学生都会被要求玩这个游戏，然后找到答案或其他需要的东西。当我在课堂上玩游戏的时候，我会挑选一个人作为"记录员"，他的职责不仅是参与游戏，还要记录小组所做出的答案。在我们玩了二三十分钟游戏后，记录员会把他们组的答案报告给全班同学，然后全班同学会讨论各个组所给出答案的有效性。

　　我相信，对你们来说，学习物质文化的最好方式是我向你们提供一些方法或技术，而你们可以使用这些方法或技术来分析感兴趣的人造物或物品。很可能你已经花了大量的时间思考各种物品和其他种类的物质文化（你想买的东西，或已得到的东西），然而，你可能从未接触过那些能帮助你理解如何解读物品和人造物意义的方法论——而这些物品在你我每个人的生活中都扮演着重要的角色。

　　我选择了我所研究的理论中对分析物质文化最有用的那些方面，而没有尝试对任何一门学科进行全面的审视。我认为运用多学科方法会为读者们提供比单学科方法更广阔的物质文化视角。正如你所看到的，物质文化是社会科学和人文科学中许多不同学科的人们共同感兴趣的一个主题。在《物的意味：物质文化概论》第 2 版中，增加了以下内容：

（1）马丁·格罗坦（Martin Grotjahn）谈符号；

（2）文化概念的新定义；

（3）克利福德·格尔茨（Clifford Geertz）谈符号；

（4）罗兰·巴特（Roland Barthes）论物体的符号学；

（5）让·鲍德里亚（Jean Baudrillard）谈物体系统；

（6）约翰·伯格（John Berger）谈广告与物品；

（7）埃里克·埃里克森（Erik Erikson）的精神分析理论应用于智能手机；

（8）马塞尔·达奈西（Marcel Danesi）谈神话与文化；

（9）我用神话模型解释物品；

（10）基于神话模型的新学习型游戏；

（11）关于染金发、百吉饼，以及日本漫画的新章节；

（12）关于科技与智能手机、社交与脸书（Facebook）的更新章节。

我希望这个新版本既有趣又有用，希望它将帮助你以新的方式看待你周围的和你拥有的物品。

阿瑟·阿萨·伯格

目　录
C O N T E N T S

第一部分

物质文化的理论方法

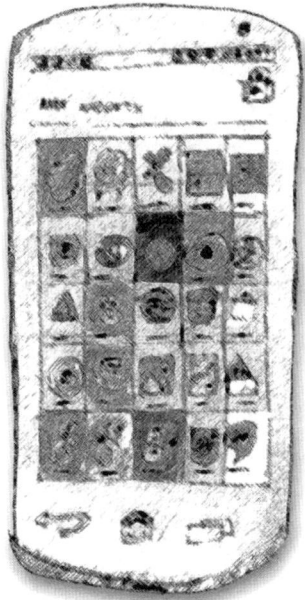

我们周围的物品不仅具有实用性，更确切地说，它们还具有"镜子"的功能，可以映照出我们自己的形象。我们周围的物品使我们能够对自己产生更多的认识。例如，对于一个以前没有船的人来说，拥有一艘船会让他对自己的性格产生新的认识，并与所有船主建立新的沟通纽带。同时，个人的某些努力的结果会通过驾驶船的速度和驾驭船的能力更加清晰地展现出来，对以湖泊、河流和海洋为形式的水这一新媒介的征服也是一个新发现。

因此，从某种意义上说，对事物内在个性的了解可能是发现人的心性的一种非常直接、新颖且具有革命性的方式。各种各样的物品有巨大的力量，能将现代人人格的新方面展现出来。一个人对其拥有的多种不同类型的产品越了解，他的生活就会越丰富。

我们周围的事物在很大程度上影响着我们的日常行为。它们也成为激励我们前进的人生目标，例如，我们梦寐以求的凯迪拉克汽车、修建中的游泳池、某款服饰、一趟旅行，甚至我们从社会地位考虑想要见的人，这些都是影响因素。归根结底，物品至少与俄狄浦斯情结或童年经历一样，激发我们生活的动力。

欧内斯特·迪希特（Ernest Dichter），《欲望的策略》（The Strategy of Desire）

物质文化？

第一章

认识物质文化

　　每天，我们都在图像的海洋中航行以穿越世界万物。我们看到的许多图像都是我们所拥有的东西、想要拥有的东西，或者相信（由于广告）我们需要拥有的东西。每个人都有某些基本需求，如住房、衣服和食物，但是大多数人还需要其他东西，例如，汽车、工具、衣服配饰、电视机、食品、计算机、平板电脑、智能手机……需要的清单还在继续增加，几乎永无止境。从童年到暮年，我们都会得到东西或不断购买东西。我们希望它们可以使我们更健康、更有吸引力，希望它们可以对某人（我们的伴侣、孩子、父母）表达我们的爱，并丰富我们自己和我们所爱的人的生活。迪希特在本章开始的引文中指出的是，我们拥有的物品也透露了很多关于我们自己的信息，研究物品是了解人性、洞察（如他所说）"人类灵魂"的有效途径。

定义物质文化

我们购买或被赠予的东西在学术话语中被称为"物品"和"人造物"，这些物品和人造物构成了社会科学家所谓的"物质文化"。物质文化是人们制造的东西以及我们购买或拥有的东西的世界，因此它是我们消费文化的一部分。物质文化是考古学家、人类学家以及许多其他社会科学家和学者非常感兴趣的主题，因为这些物品提供了有关我们的情况以及我们现在和以前生活的信息。一些学者使用"物品"这一术语来表示当代物质文化，而"人造物"一词则用于表示较早的物质文化，但是我与许多物质文化学者一样，认为两者是可以互换的。

克里斯·卡普尔（Chris Caple）在他的《物品：过去的勉强见证》（*Objects: Reluctant Witnesses to the Past*, 2006：1）一书中定义了物品和人造物：

> "人造物"一词源自拉丁语 ars 或 artis，意为连接的技巧，factum 表示行为，而 facere 的意思也是制造或做……因此，"人造物"可被认为是指任何一个由人类制成的物理实体，从一颗钉子到它所钉入的建筑物。"物品"一词也广泛用于指代人类创造的任何物理实体……在本书中，术语"人造物"和"物品"可以互换使用。

卡普尔使用英式英语的拼写（artefact）来表示"人造物"。考虑到我们的目的，我将人造物定义为显示人类工作水平的相对简单的物品。汽车和飞机可能具有物质性，但它们是非常复杂的机器，实际上，其中包含许多不同的较小和较简单的人造物。学者们可能会争论物质文化的定义。一般而言，我们可以说，如果你可以拍摄一件人造物，并且它又不是太大、太复杂，我们就可以认为它是物质文化的一个例子。

我们必须认识到，物质文化是一种具有数百种定义的文化。我喜欢的一种对文化的定义是亨利·普拉特·费尔柴尔德（Henry Pratt Fairchild）提出的，因为它表明了文化与人造物之间的关系。这一定义可以在他的《社会学和相关科学词典》（*Dictionary of Sociology and Related Sciences*，1966：80）中找到：

> 文化是通过符号在社会上习得和传播的所有行为模式的统称，因此是人类群体所有独特成就的名称，不仅包括语言、工具制造、工业、艺术、科学、法律、政体、道德和宗教等项目，还包括体现文化成就的物质工具或人造物，它们赋予智力文化特征以实际效果，如建筑物、工具、机器、通信设备、艺术品等。

这个定义很有用，因为费尔柴尔德指出，文化是基于交流的，并认为人造物体现并具体化了各种文化价值和成就。文化代代相传，并且在很大程度上具有象征意义。文化价值和信仰（即物质文化）以人造物和物品的形式出现或表达。这表明，如果我们知道如何解释或"阅读"它们，那么我们可以使用人造物来帮助我们深入了解那些它们所处的文化。物质文化为我们提供了一种更好的方式，去理解产生这些物品并对它们加以使用的社会和文化。

弗兰克·纳塞尔（Frank Nuessel）为"文化"一词提供了另一个更

新的定义：

> "文化"一词来自拉丁语动词 colere 的过去分词 cultus，意为"耕
> 作"。这个术语广义上是指反复出现的人类行为模式以及反映了特定社
> 会或人群的信念、习俗、传统和价值观的相关人造物。这种行为包括
> 口头和书面符号，例如，语言（民间俗语、谚语）以及其他传统，包
> 括着装、宗教、仪式（舞蹈、音乐和其他特定文化的仪式）等。人造
> 物可能包括代表性艺术，例如，绘画、陶器、雕塑、书面文学、建筑
> 以及创造它们所需的工具——所有的这些代代相传（2013：207）。

马塞尔·达内西（Marcel Danesi）主编的《媒体与传播百科全
书》（*Encyclopedia of Media and Communication*，2013 年）中，纳塞
尔（Nuessel）的一篇文章为我们深入分析了"文化"一词的来源以及
社会科学家对其理解的方式。我在本书中关注的是物品（他称其为"人
造物"）反映不同社会中发现的信念、态度和价值观的方式。弗洛伊德
说，梦是了解潜意识的关键，我选择了人造物和物品作为我们了解所谓
集体心理的关键。

《蓝宝石案》作为物质文化研究的典范

读人是许多观察者喜欢的一种"偷窥"游戏，观察者根据许多不同的
事物，包括观察对象的衣服、可能拥有的人造物（戒指、耳环、手杖、手
袋、公文包）、面部表情和肢体语言，试图弄清他们是什么样的人。当然，
最伟大的读人者之一是夏洛克·福尔摩斯（Sherlock Holmes），当某人
因为某种原因引起他注意时，他能够辨别与此人有关的各种有趣信息。

这也是福尔摩斯的故事如此受欢迎的原因之一。在会见某人并详细解读他或她之后，福尔摩斯能够在很大程度上基于他或她所穿戴的物品提供的线索，以及有关他或她的活动和身份的其他线索来提供有关该人的详细信息。

《蓝宝石案》（*The Blue Carbuncle*）中，福尔摩斯将一顶又大又旧的蜡染帽子递给他的朋友华生（Watson），并问他帽子显示了什么。华生对帽子做出如下描述：

> 这是一顶非常普通的黑帽，圆形，坚硬，更糟的是戴起来难受。衬里是红色的丝绸，但褪色很厉害。没有制帽者的名字，正如福尔摩斯所说，名字的首字母"H. B."被草草地钉在帽檐一侧以固定帽子，但松紧带不见了。此外，帽子已经开裂，覆盖着厚厚一层灰。而且，几处都有斑点，尽管似乎有人尝试用墨水涂抹这些变色的斑点来掩盖它们。（道尔，1975：159-160）

福尔摩斯对华生说："你知道我会怎么做。你能收集到戴这物件的男人的个人特征的信息吗？"华生检查了帽子，也没发现引起他注意的细节，"我没看出什么。"他说。然后福尔摩斯回答："不对，华生，你可以看到一切。但是，你无法根据自己的所见进行推理。你太胆小了，不敢推论。"他拿起帽子，以他特有的内省的方式注视着它。他说："它可能不像以前那样具有暗示性，但是有一些结论是非常明显的，而另一些则至少是有很大概率的。从表面上看，这个人显然很聪明，而且在过去的三年中，他的表现还不错，尽管他现在已经陷入了苦难的日子。他曾有远见，但现在不再有了，这表明他道德倒退，再联系到他财富的减少，这似乎表明有些事情，可能是饮酒，对他产生了一些邪恶的影响。这或许可以解释一个显而易见的事实，即他的妻子不再爱他……但是，他仍然保留了一定程度的自尊。他是一个久坐不动的人，很少出门，缺乏锻炼，中年，头发灰白，最近几天剪了头发，涂了柠檬膏。这些是从他的帽子中得出的显而易见的事实。另外，顺便说一句，他的房子里是极不可能安装煤气的"（道尔，1975：160）。

福尔摩斯通过帽子对其主人的个人特征进行推演。其实，福尔摩斯提供了帽子的应用符号学分析。

尽管认为头大的人必定脑容量大并且因此更聪明这种观念非常可笑，但是福尔摩斯的推演依然使我们惊叹。福尔摩斯在故事中还做出了其他一些推论，这些推论同样是不可尽信的。但是《蓝宝石案》通过一个故事展示了我们在研究物质文化时的行为。华生是一种典型的因为不知道如何"阅读"物品而无法了解其中所包含的信息的人。福尔摩斯是物质文化科学的学者，可以利用物品来确定其拥有者和使用者的大量信息。福尔摩斯可以进行这种分析的原因有以下几点：

首先，他对各种事物都有丰富的知识，可用于解释物品和其他类型符号。因为他知识渊博，所以他能够理解许多看似微不足道的事物。其次，他非常关注细节，并利用它们进行推断，这将有助于他破案。在福尔摩斯解释了他如何分析事物之后，华生称赞福尔摩斯简直令人惊叹，福尔摩斯则答道："这只是基本的分析，我亲爱的华生。"读者非常喜欢阅读关于福尔摩斯做出自己的演绎推理的描写（表1-1）。

表1-1　福尔摩斯的演绎推理

人物特性（线索）	福尔摩斯演绎背后的推理
这人很聪明	帽子的立方容量
财富减少	帽子已经买三年了，最好的品质，但是男人却买不起一顶新帽子
道德倒退	松紧带断了也没换
有预见性	男人的帽子有固定卡，以防大风吹走帽子
最近剪了头发	由理发师整齐地修剪下来的发梢，卡在帽子衬里的下端
使用了柠檬膏	帽子衬里的气味
很少出门	帽子上的灰尘是棕色的室内灰尘，不是灰色的街道灰尘
妻子不再爱他	帽子已经数周没有刷过了
完全没有锻炼	帽子里的汗渍表明此人体型偏胖
室内没有安装煤气	蜡烛上的蜡迹表明，他在烛光下看书，室内没有煤气

你了解的越多，拥有的信息就越多；学习的理论越多，在事物中看到的内容就越多。因此在对物品进行分析时，将与物品相关的所有知识储备运用起来很重要。任何一件选定的物品都可以看作是映衬在它被制造和使用的文化"底色"或"背景"上的"图形"。物品也可以影响它们所处的文化，因此，分析它们并阐释其意义是一件复杂的事情。

　　分析人造物以了解其所处的文化过程是双向的：物品告诉你有关文化的信息，而文化告诉你有关物品的信息。当我们研究古代文化时，通常对其知之甚少，因此会使用早期的人造物进行推论并试图弄清楚当时的生活。在当代社会中，我们使用物品和人造物来获得其他分析方法无法提供的见解。

论理论的本质

　　我们将发生的事情纳入我们已有的能够解释它们为何发生的理论中，借此来理解世界。与它们有关的理论和概念有助于我们理解生活的各个领域。我所知道的对理论最佳的定义之一是在由米纳斯克什·吉吉·达勒姆（Meenaskshi Gigi Durham）和道格拉斯·M.凯尔纳（Douglas M. Kellner）编辑的《媒体和文化研究：重要著作》（*Media and Cultural Studies*：*Keyworks*）一书中，标题为"媒体和文化研究冒险：重要著作简介"（*Adventures in Media and Cultural Studies: Introducing KeyWorks*，2001：3）章节中发现的。作者写道：

> 　　理论是一种看待事物的方法，是一种光学仪器，它聚焦于特定的主题。希腊语中，理论（theoria）表示以特定主题、过程和属性为中心的视角和视野，就如国家理论关注政府的运作一般。理论也是解释和阐述的模式，可以建立联系并阐明社会文化的实践和结构，从而有助于理解我们的日常生活，如同对微软（Microsoft）如何在计算机软件领域中独占鳌头的分析将表明有哪些特定的问题与微软的成败利害攸关。因此，文化和社会理论是描述性和解释性

的。它们突显特定主题，建立联系，将其情境化并提供解读和解释。理论中有叙述成分，正如亚当·斯密（Adam Smith）或卡尔·马克思（Karl Marx）的资本主义理论一样，讲述了市场经济的起源和成因，描述了市场经济的运行方式，马克思还对资本主义提出了批评和革命性变革的建议。

达勒姆和凯尔纳指出，所有理论都是片面的，因此你必须始终认识到它们的局限性。

为了弥补特定理论的局限性，利用许多不同的理论将使你对所研究的事物有不同的认识视野，这很有用。正如达勒姆和凯尔纳解释的那样：

> 掌握多种理论和方法，有助于掌握物品的各个方面，建立更多、更好的联系，从而对所审视的文化人造物和实践提供更丰富、更全面的理解。

这种对理论的定义是有用的，因为它指出了特定理论所具有的局限性，同时也引起了人们对理论价值的关注。理论帮助我们解释特定物品的意义并发现现象之间的关系。要是没有这些理论，我们或许认识不到这一切。

大理论的作用是生成较小的、较不全面的，但在分析现象时却发挥了重要作用的理论和概念，例如，弗洛伊德的精神分析理论是基于弗洛伊德的如下观念，即我们的心理具有三个层次：意识、前意识和不可知的无意识，以及在我们的心理中起作用的三种力量：本我或欲望、自我或理性以及超我或良知。正如他在论文《精神分析》（*Psychoanalysis,*

1963：244）中写道：

> 精神分析理论的基石……存在无意识的心理过程的假设，对
> 抵抗和压抑理论的认知，对性的重要性以及"俄狄浦斯情结"
> （Oedipus Complex）的理解——这些构成了精神分析理论的重要主
> 题及理论基础。

在更大的精神分析理论框架内，还有其他一些理论，例如，认为小孩子想垄断其异性父母的注意力的"俄狄浦斯理论"（Oedipal theory）。还有很多概念，如涉及压抑、回归、矛盾情绪和许多其他类似现象的"弗洛伊德防御机制"（Freud's defense mechanisms），这些将在"弗洛伊德精神分析法"一章中进行更详细的讨论。因此，"大"理论产生了更小、更有针对性的理论和概念，当我们考虑用精神分析理论来帮助我们理解人类行为时，所使用的正是这些理论和概念。

让我举例说明行为、概念和理论之间的关系，我们以每天洗手200次的人为例。

> **行为：**每天洗手200次。
>
> **概念：**强迫症。
>
> **理论：**精神分析理论。

当然，除了弗洛伊德的精神分析理论外，还有其他涉及人的心理的精神分析理论，如荣格理论。因此，大学的心理学系学者可能具有许多不同的理论取向，每种取向都有其理论和概念理论的拥护者们用其解释他们关心的任何人类心理和人类行为。

理论就像护目镜一样，有助于确定我们看待世界的方式，将我们的

注意力吸引到某些事物上，并分散我们对其他事物的注意力。达勒姆和凯尔纳认为，理解文化人造物的最佳方法是多学科的方法，因为这种方法使我们能够看到人造物的各种复杂性。单学科的方法过于狭隘，并且常常忽略了正在研究的重要方面。

尼采与视角主义（Perspectivism）

德国哲学家弗里德里希·尼采（Friedrich Nietzsche，1844—1900）在其著作《权力意志》（*Will to Power*）中采用了一种通过认识不同理论和方法的重要性以理解现象的视角主义方法。这就是我们现在所说的学习知识的多学科方法的先驱。他写道：

（1885—1886）

深恶痛绝一劳永逸地停留在任何一种关于世界的总体观中。相反观点的魅力在于拒绝被剥夺神秘的刺激。

（1883—1888）

反对止步于现象（只有事实）的实证主义。我想说：不，恰恰是没有事实，只有阐释。我们无法确定任何事实"本身"，这样的确定企图也许是愚蠢的。

你说："一切都是主观的。"但是，连这种观点也是被发明和展现出来的。最后，是否有必要在阐释的后面设置一个阐释者？即使这也是发明、假设。

如果"知识"一词是有意义的，那么世界是可知的；但是除此之外，它是可以阐释的（interpretable），它背后没有任何意义，而是无数的意义——"视角主义"。

正是我们的需要在阐释世界，在阐释我们的欲望及其支持与反对的对象。每一个欲望都是一种统治的渴望；每一种欲望都有自己的视角，它希望迫使所有其他欲望将其视为一种规范。

（1885—1886）

对阐释世界的方式没有限制，每一种阐释都是成长或衰落的征兆。

我们习惯统一的一元论，多种阐释是力量的标志。不要渴望剥夺世界的令人不安和神秘的特性！

（1885—1886）

"阐释"，是意义的引入，而不是"解释"（大多数情况下是一种新阐释取代已经变得不可理解的，现在本身仅是一个标志的旧阐释）。没有事实，一切都是不断变化的、不可理解的、难以捉摸的。相对而言，最持久的是我们的见解。

尼采认为阐释一直是我们进行任何分析的重要组成部分。以经济学为例，即使经济学家同意某些统计数据是准确的，他们也常常不同意如何阐释这些统计数据的含义。尼采的方法意味着我们不是从"现在的双方"，而是从各个方面，或更准确地说，从多个角度来看待爱或生活，或者我们谈论的物质文化。

正如尼采所说，推动我们在"真相""现实"和"事实"上进行斗争的动力是"一种统治欲"。我们希望其他人都将我们对事物的学科观点视为唯一的真实观点。我们发现，在哲学家和其他学者对现实的论断背后，存在着要战胜或支配他人的心理需求，或者是尼采所描述的权力意志。

罗生门问题

黑泽明（Akira Kurosawa）导演的电影《罗生门》（*Rashomon*）在 1951 年一上映就引起轰动。我于 1951 年观看了这部电影，它给我留下了持久的印象，我相信它影响了我进行研究和撰写书籍的方式。《罗生门》故事发生于 12 世纪，一名牧师、一名樵夫和另一名男子在罗生门神庙中避雨。樵夫讲述了他看到的土匪、武士和武士妻子在树林中发生的事情的经过。

《罗生门》是根据芥川龙之介（Ryunosuke Akutagawa，1892—1927）的两部短篇小说《罗生门》和《竹林中》（*In a Grove*）改编的。这部电影以其出色的拍摄技巧、剪辑和表演而

著称。它建立了一个重要的观点——竹林中一个情节涉及的 4 个人对发生的事件有 4 个截然不同的版本。电影提出了一个问题：我们能知道事实吗？是否只有一个故事是真实的，而其他故事是虚构的吗？如果是这样，谁在说实话，我们如何找出谁在说实话？如果我们将《罗生门》作为研究对象，就会发现来自不同学科的学者对于如何阐释它以及谁在电影中说出了真相存在分歧。罗生门问题在我们看来是这样的：当来自不同学科的理论家在如何解释人造物或物品上存在分歧时，我们该怎么办？如果专家们产生意见分歧时，我们该怎么办？

弗洛伊德通常被认为是 20 世纪最有影响力的思想家之一，其思想影响了许多不同领域的思想家。弗洛伊德精神分析理论充满争议又令人着迷，它探索着人类思维的运作方式，我们将以其为开端，着手研究对物质文化有用的理论。

中世纪，始终认为，如果一切事物在现象界的作用和地位都已失去意义，如果它们的本质不能延伸到现象界以外的世界，那么一切事物都将是荒谬的。这种在普通事物中具有更深层意义的想法也是我们熟悉的，与宗教信仰无关：这是一种随时可能被雨滴落在叶子上的声音或桌上亮起的灯光……所唤起的无限的感觉。"当我们在上帝里看到万事万物，并将一切都交予祂时，我们在普通事物中读懂了意义更高层级的表达。"

威廉·詹姆斯（William James），《宗教经验之种种》（*Varieties of Religious Experience*，第 475 页）

这就是象征主义产生的心理基础。圣依勒纳（Saint Irenaeus）说，在上帝里，没有什么是无意义的。因此，认为万事万物皆有先验意义的信念试图表述自己。关于神的形象，一个由相互关联的形象组成的宏伟系统得以明确，这些形象都与神有关，因为万物的意义皆来自神。世界像一个巨大的完整的符号自我展现，就像一座思想大教堂。它是世界上最富节奏感的概念，是关于永恒和谐的复调表达……

从因果关系的角度来看，象征主义表现为一种思想的捷径。思想不是寻找两个事物间隐秘迂回的因果关系，而是跳出因果关系，在意义或结局中发现两者的关联。

约翰·惠辛加（Johan Huizinga），《中世纪的衰落》（*The Waning of the Middle Ages*，第 201–202 页）

第二章

弗洛伊德精神分析法

正如弗洛伊德在他的论文《精神分析》（Psychoanalysis 1922 年）中所解释的那样，精神分析理论的基本前提是无意识的（unconscious）心理过程存在并在我们的生活中起着重要的作用。正如他所解释的（1963：230）：

> 精神分析是：①一种研究精神过程的程序的名称，该过程几乎是其他任何方法无法切入的；②一种治疗神经性疾病（基于该研究）的方法；③沿着这些研究路线获得的心理信息集合正在逐渐积累为一门新的科学学科。

弗洛伊德将心理分析理论视为一种阐释艺术，正如我们将看到的那样，这种阐释方式可以应用于人造物、物品以及精神问题。如他所写（1963：235-236）：

> 这是精神分析的阐释艺术的胜利，它成功地证明了正常人的
> 某些常见但迄今尚未有人试图对其做出心理解释的心理行为应从
> 与神经病患者症状相同的角度来考虑。也就是说，它们具有某种
> 对于主体来说是未知的，但是可以通过分析手段轻易发现的含义
> （meaning）。

弗洛伊德解释说，我们拒绝了解自己的潜意识内容，并抑制对俄狄
浦斯情结和我们欲望的重要性的认识。对主体的精神分析方法试图发现
的正是物质文化的各种人造物的隐藏含义和象征意义。本章开头惠辛加
的引文，旨在引起人们对符号和生活其他方面的隐含含义和无意识意义
的关注。他认为，万事万物都不是表面看起来那么简单。

人造物和潜意识：弗洛伊德的人格结构假说

对于弗洛伊德来说，人类心理有三个层次：意识、前意识（我们可
以接触到并有模糊认识）以及如果没有训练有素的精神分析治疗师的指
导我们就无法接触的潜意识，这就是弗洛伊德的人格结构假说。使用冰
山的类比来展示这三个层次之间的相互关系是很有用的。我们知道的意
识是我们在水面上看到的冰山的一部分，前意识是我们可以模糊地分辨
出水线以下几英尺的地方，潜意识是构成我们大多数心灵的难以接近的
黑暗区域，它被埋在水线之下的深处。弗洛伊德精神分析理论家指出，
关键在于认知到，正是我们的无意识，在深刻塑造着我们的行为。

那么，我们可以认为，在涉及人造物时，必须理解三个层次：

意识
前意识
潜意识（又称
为无意识）

意识： 人造物的作用。

前意识： 我们可能意识到的人造物功能的其他方面。

潜意识： 与人造物相关的未识别的象征意义，又称无意识。

假设我们不知道所购买或使用的人造物的象征意义和重要性，当分析人造物时，就应该考虑其对于我们心理的不同层次的含义。

让我们来看看欧内斯特·迪希特（Ernest Dichter）研究的打火机。经常被称为"动机研究之父"的迪希特在访谈中使用深度心理学来辨别人们对各种产品的感觉。他研究发现，人们往往对某些事物抱有自己都未察觉的态度，这些态度深藏于他们心理的潜意识领域。

例如，当他的研究人员询问受试者关于打火机的问题时，他们通常的回答是用打火机来点燃香烟，因此，打火机的功能似乎至关重要。但是，随着进一步探究，他的研究人员发现，从更深层次上讲，受试

者的打火机与掌控和权力相关，特别是与能够召唤火的能力有关。这与诸如普罗米修斯（Prometheus）的神话传说和其他涉及火的神话联系在一起。最终，他们发现，在最深的层面上，打火机点燃火的感觉与对性能力的态度有关，打火机的火焰在潜意识的层面上象征着性结合的完成。

我们可以使用有关人类心理层次的理论来分析其他人造物，以发现其对我们具有的隐藏的或未被识别的含义。

本我、自我和超我：弗洛伊德的结构假说

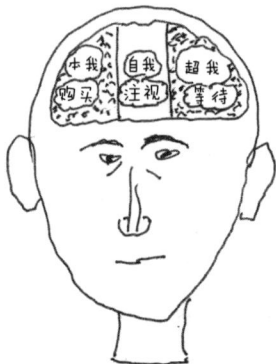

弗洛伊德后来提出在我们的心理上有三种力量在起作用，这就是他的结构假设（structural hypothesis）。这个理论表明，我们的心理有三个组成部分：本我、自我和超我。曾撰写有关精神分析理论的查尔斯·布伦纳（Charles Brenner）在他颇具影响力的著作《精神分析入门》（*An Elementary Textbook of Psychoanalysis*，1974：38）一书中描述了结构假设：

我们可以说本我是欲望的心理代表，

　　一个双腿明显弯曲的中年妇女，将客厅的桌椅换了三次，才与自己对桌椅的执念达成了妥协。第一次，桌子和椅子的腿弯曲得像她的腿一样。它们美丽、昂贵，每个人都很欣赏它们，但是它们使她隐隐难堪。她把它们全部扔掉，并用有细腻的直线腿型的桌椅代替。可这些家具使她更加困扰。最终，在经过几个月的犹豫不决之后，她购买了那种笨重的，根本没有脚的现代家具解决了自己的问题！

　　另一个对排便有执念的女人将整个房子当成是一个巨大的浴室。所有的墙壁都是光秃秃的、白色的，窗帘是用某种透明的塑料制成的。每个可以放东西的平面都摆放着同样是白色的、造型奇特的装饰碗。她引以为傲的点睛之笔是一个小喷泉，建在以前用来安放壁炉的墙上。

米尔顿·萨皮斯坦（Milton Sapirstein），《日常生活的悖论》
（*The Paradoxes of Everyday Life*，1955：98）

　　此插页显示了人的潜意识过程的工作方式。因此，双腿弯曲的女人通过没有脚的家具解决了她的问题，而那个对排便有执念的女人把她的房子变成了浴室。在这两种情况下，决定其行为的都是潜意识的命令。

自我是与个人同周围环境的关系有关的功能，超我是我们思想上的
道德戒律和理想抱负。

当然，我们假设这些欲望是与生俱来的，但是，对环境的兴趣或控
制以及对任何道德观念或抱负的追求并非与生俱来。显然，后两者（即
自我和超我）都要到出生后的某个时候才会发展起来。

精神分析理论表明，自我在本我力量（我们的欲望，"我现在想要
全部"）和超我力量（我们的负罪感、良知和类似的现象）之间进行微
妙的平衡。本我提供能量，但它是不集中的和分散的，必须在某种程度
上加以控制，因为我们必须生活在社会中。超我提供了约束，但如果过
强，它会抑制我们太多，我们会被负罪感淹没而不知所措。自我在记忆
中储存经验，以此引导我们的行为并在自我和超我力量之间进行调解。
拥有过分强大的本我或超我以致其在心理中支配着自我的人通常会遇到
心理问题，并在生活中遇到困难。

可以根据人造物是否主要与我们心理中的本我、自我和超我元素相
关对其进行分类。接下来是我对如何使用弗洛伊德的人格结构理论对许
多不同物品进行分类的建议（表2-1）。

表2-1　使用弗洛伊德人格结构理论对物品的分类

本我	自我	超我
芭比娃娃	字典	《圣经》
杂志	课本	寓言书
一瓶烈酒	科学玩具	圣水容器

我之所以使用"主要"一词，是因为弗洛伊德的意识层次理论表明，物品可以具有不同程度的重要性。

精神分析理论还表明，自我也可以采用多种防御机制来帮助其控制我们精神上的本我和超我元素，防止焦虑和令人不知所措的负罪感产生，并控制我们的本能。我们通常意识不到我们如何使用这些防御机制，然而它们有时也无法控制我们的本我和超我。这些防御机制包括：

矛盾：同时感到吸引力和排斥感。

逃避：拒绝面对让我们悲伤的事情。

拒绝：无法接受会产生焦虑的事物的事实。

固着：对某事的强迫性依恋，通常是由于创伤造成的。

认同：渴望成为某人。

合理化：为不良行为提供借口。

回归：个人回到发展的早期阶段。

压抑：禁止意识中的某些现象。

抑制：将某些事情抛诸脑后。

当我们使用精神分析理论分析物质文化的物品时，除了可以考虑人造物的潜意识意义与精神的三要素之间的关系外，还可以考虑这些防御机制。

举例来说，我们可能认同某位体育明星，并购买其代言的品牌跑鞋或手表。我们可能会产生对鞋子的痴迷，并购买多到无法穿着的鞋。菲律宾前总统费迪南德·马科斯（Ferdinand Marcos）的妻子伊梅尔达·马科斯（Imelda Marcos）因购买了成千上万双鞋而出名，（也许用臭名昭著描述更准确），这反映了她对鞋的固着。

　　我们会为购买昂贵的香水或身体香氛找到合理的借口，让自己相信它们对我们的社会生活产生积极影响。我们成年后购买圆筒冰激凌时，这可以视为满足自我需求的短暂回归。这些功能大部分是在潜意识的层面上起作用，因此我们不知道我们正在使用防御机制，例如，利用"合理化"来证明我们渴望和购买各种人造物的正当性。

物质文化的象征意义

　　精神分析理论另一个与物质文化相关的重要方面也是必须考虑的，即象征主义的重要性。正如辛西（Hinsie）和坎贝尔（Campbell）在其著作《精神病学词典》（*Psychiatric Dictionary*，1970：734）中解释的那样，我们可以将象征主义理解为：

> 　　通过替代品、符号或信号表示命令或思想的行为或过程。在精神病学中，象征主义尤为重要，因为它可以作为自我的防御机制，因为在这种情况下，潜意识的（和被禁止的）攻击冲动或性冲动通过象征性表征来表达。

　　从技术上讲，符号是代表其他事物的事物。根据辛西和坎贝尔的说法，我们经常用符号来掩饰潜意识的攻击欲和性欲，这样做可以使我们摆脱超我的束缚。

　　弗洛伊德提出，梦中大多数象征性现象都有被掩盖的性内容，这种掩饰可以保护做梦者并防止超我唤醒他们。

　　弗洛伊德此处讨论的是在梦中发现的符号，但很可能其中许多物品或阳具符号在日常生活中具有相同的意义，尽管这种意义并未为我们所认识。

弗洛伊德还讨论了女性生殖器在梦中是如何被象征的（1953：163-164）。

弗洛伊德说，梦经常通过骑、跳舞、滑行、滑翔和体验某种暴力行为等活动来表示性行为，所有这些活动都使我们能够掩饰性欲并满足潜意识对性本能的渴望。

由于性在我们潜意识的愿望、欲望和幻想以及我们意识活动中起着如此重要的作用，因此我们有理由认为许多人造物在其设计中有意或无意地包含了性象征。

精神分析理论认为，人们并不了解他所使用的物品的象征意义，但显然，许多人造物具有男性的穿透性或女性的接纳性。我们掩饰梦中物品的性本质，这样我们的梦境审查者或超我不会唤醒我们，因此掩饰物品的性本质是有效的。弗洛伊德还有一些关于性发展方式的有趣理论，可以用来分析我们感兴趣的物品。

克利福德·格尔茨（Clifford Geertz）在《文化的解释》（*The Interpretation of Cultures*，2000：45）中写的关于符号的内容值得思考：

> 思维不是由"头脑中发生的事情"（尽管在大脑中和其他地方发生的事情对思维的发生是必要的）组成，而是由米德（G.H. Mead）和其他人所谓的有意义的符号组成的（主要是文字，但也包括手势、绘图、音乐声、时钟之类的机械设备或诸如珠宝之类的自然物品），实际上是任何与其纯粹的真实性脱节并被用来将意义强加给经验的东西。从任何特定个人的角度来看，这些符号很大程度上是被给定的。他出生时，它们就已经在社区中流行了，并且在他去世后，它们仍然在流通，可能会有一些增加、减少和部分改变，

而整个过程他可能参与，也可能未曾参与。他活着的时候会使用这些符号，或者使用其中一部分，有时会刻意谨慎地使用它们，这种行为通常是自发而轻松的，不过对符号的使用始终具有相同的结果：对他所经历的事件进行构建，借用约翰·杜威（John Dewey）一句话来生动描述就是"体验事物的持续过程"（the ongoing course of experiencing things）。

格尔茨指出，我们的许多想法都基于"有意义的"符号，我们使用符号给事物"赋予意义"；我们对符号的理解与我们出生的社会息息相关。他提到"机械设备"（ mechanical devices），我将其描述为物品（objects）在我们的思维中起着重要作用。

精神病学家和心理分析家马丁·格罗坦（Martin Grotjahn）在他的《符号之声》（*The Voice of the Symbol*）一书中写道，符号是"来自我们潜意识的声音，传达真、美和善"（1971：XI）。他补充说：

> 因此，关于符号的书就是关于生命及其精髓的书。同样也是一本关于死亡的书，为了实现从成熟到智慧的进步，我们必须掌握这本书。符号传达的是对自己或我们同伴的潜意识的洞察力。这是一种内在的视觉，因此与艺术和直觉，机智和同理心密切相关。

格罗坦解释说，符号在我们对生活和艺术的理解中起着重要的作用，正是弗洛伊德使我们意识到符号在我们的生活（我们的梦想、我们的心理和我们的日常活动）中的意义（XII）。

性发展与物质文化

弗洛伊德认为，随着年龄的增长，个人的性发展经历了许多不同的阶段。查尔斯·布伦纳在《精神分析入门》（1974：24）中描述了这些阶段。

> 在生命最初大约一年半的时间中，嘴、嘴唇和舌头是婴儿的主要性器官。我们的意思是说，他/她的欲望和满足感主要是口部的欲望和满足……在接下来的一年半中，消化道的另一端，即肛门，成为性紧张和性满足的最重要场所……在生命的第三年快要结束时，主要由生殖器承担起性作用，此后也通常由生殖器承担。

生殖器阶段是儿童进入青春期前的最后阶段，此时他们学会将注意力集中在异性上。

根据弗洛伊德的说法，2~5岁的男孩在潜意识中形成了对母亲的渴望和对父亲的敌意——他称为俄狄浦斯情结。在希腊神话中，俄狄浦斯在不知情的情况下弑父娶母。最终，男孩们通过日益增加对被阉割的焦虑解决了这个问题，这就是弗洛伊德所说的"阉割焦虑"。年轻女孩也希望取代母亲，但以不同的方式解决她们的问题，主要是通过寻找某人，即丈夫或情人，来代替父亲。

结论

精神分析理论为我们提供了大量概念，使我们能够根据人造物反映的各种潜意识需求和欲望并与我们的心理构成相关的方式来分析物质文化。我们可以利用弗洛伊德和其他精神分析理论家关于人类心理本质、符号现象在梦中的重要性、人类防御机制的使用以及性发展的各个阶段的思想来洞察某些人造物在我们个人和整个社会的生活中起着如此举足轻重的作用。

法国玩具总是表达某种含义，而这种含义始终是完全社会化的，是由现代成人生活的神话或技术构成的：陆军、广播、邮局、医学（微型仪器箱、玩偶的手术室）、学校、美发（永久挥舞的吹风机）、空军（伞兵）、运输（火车、雪铁龙、巴黎快艇、韦士柏摩托车、加油站）、科学（火星玩具）。

法国玩具实际上预演了成人世界的功能，显然，这必然让孩子做好接受所有这些功能的准备，甚至在他学会思考之前，就为他构建了一个人造世界，这个世界一直在创造士兵、邮递员和韦士柏摩托车。这些玩具展示了成年人习以为常的那些事物：战争、官僚主义、丑陋、火星人等。事实上，法国玩具想传达的意思并不是模仿，模仿意味着放弃对人造世界的构建。法国玩具就像"希瓦罗头" ❶，在缩小到苹果大小的头颅上，可以辨识出成人的皱纹和头发。例如，有一种会小便的洋娃娃，他们有一个食道，喂他们一瓶牛奶，他们就会尿湿尿布。在他们的胃里，牛奶很快就会变成水。这样的玩具是为了使小女孩明白家务活动中的因果关系做好准备，使其"适应"她将来作为母亲的角色。

罗兰·巴特（Roland Barthes），《神话》（*Mythologies*）

---

❶ 希瓦罗人有独特的猎头文化和神秘的干缩制头术，以禁锢敌人的灵魂。

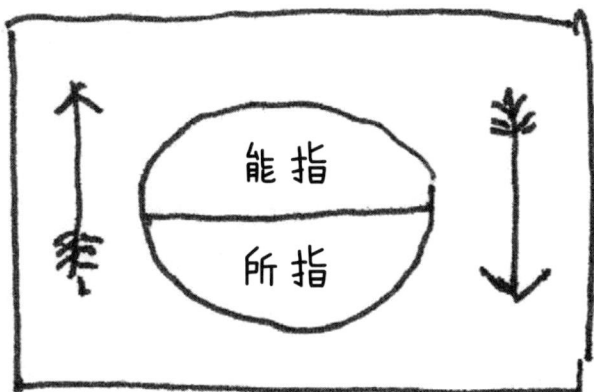

第三章

物质文化的
符号学方法

　　符号学（来自希腊语中的 sēmeîon，意为
"符号"）是一种符号科学，物质文化的符号
学方法将人造物视为符号，其含义和重要性必
须通过使用符号学概念来确定。符号是代表其
他事物的事物，或者可以被制造成代表事物的
任何事物。例如，美国国旗，它是代表美国以
及各种与该国有关的价值观念、历史事件和
其他事项的符号。言语是重要的符号。正如
"树"一词代表"具有细长主茎的多年生木本
植物"。人造物也是符号。

　　符号学有两位开创者：瑞士语言学家费
迪南德・德・索绪尔（Ferdinand de Saussure，
1857—1913）和美国哲学家查尔斯・桑德斯・皮
尔斯（Charles Sanders Peirce，1839—1914）。

　　索绪尔称他的科学为"符号学"（semiology），
而皮尔斯称其理论为"符号学"（semiotics）。
皮尔斯这个词已被广泛接受。近年来，许多
符号学家，如罗兰·巴特和安伯托·艾柯
（Umberto Eco），都使用符号学理论来分析许
多不同的事物。罗兰·巴特的《神话》一书使
用符号学理论和马克思主义理论"揭示"了当
代法国文化的有趣内容，正如他在本章开头对
法国玩具的讨论所显示的那样。

索绪尔论符号

　　索绪尔在他的《普通语言学教程》（*Course
in General Linguistics*）一书中阐述了他所谓
的符号学的基础。这本书于 1951 年出版，主
要是由他在日内瓦大学的学生查尔斯·巴利
（Charles Bally）和阿尔伯特·谢赫海耶（Albert
Sechehaye）根据他的论文撰写的论文笔记集结
而成。该书由韦德·巴斯金（Wade Baskin）翻
译成英语，于 1959 年由哲学图书馆出版，又于
1966 年由麦格劳 – 希尔出版社出版。在这本书
中，我们可以发现那些被认为是符号学章程的
文字：

　　语言是一种表达思想的符号系统，因此可以与书写系统、聋哑人字母表、象征性仪式、礼仪、军事信号等相媲美。但语言是所有这些系统中最重要的。

　　它是研究社会内部符号生命的科学。这将是社会心理学的一部分，因此也是普通心理学的一部分；我将其称为符号学（源自希腊语 sēmeîon，意为"符号"）。符号学将显示什么构成符号，什么规律支配它们。由于该门科学尚不存在，因此没有人可以说这门科学将成为什么。但是它有生存权，一个先于它的存在就有的权利（1966：16）。

符号学研究社会中的符号，这意味着它是一门社会科学，并解释什么是符号以及它们如何起作用。事实证明，这些事情非常复杂。

索绪尔提供了符号的定义。他解释说符号由两部分组成：声象（sound-image）和概念：

> 语言符号连接的不是事物和名称，而是概念和声象。……我将概念和声象的组合称为符号，但是在当前使用中，该术语通常仅表示声象，即单词（例如，乔木等）。……如果在此涉及的三个概念由三个名称来指定，则每个名称都暗示另外两个并与之对立，歧义将消失。我建议保留"符号"（sign）一词来表示整体，并分别用"所指"（signified）和"能指"（signifier）来代替概念和声象。后两个术语的优点是可以指出将它们彼此分开并将它们从与它们共同构成的整体分开的对立面（1966：66）。

从符号学的角度来看，物品是符号，或者从技术上说是能指，符号学家的任务是弄清楚它们的各种所指。能指和所指之间存在的关系是任意（随意）的（这是一种约定俗成的），这一事实使情况变得复杂。因此，我们可以确定一件人造物代表什么，却找不到解释每件人造物意义的"规则手册"，就像我们找不到可以解释所有梦的"解梦手册"一样。

关于概念的本质，索绪尔也有非常重要的观点。正如索绪尔著作的译者韦德·巴斯金在其书的引言中指出的那样："索绪尔最先看到语言是一个自定系统，其中相互依存的部分通过与整体的关系发挥作用并获得价值"（1966：XII）。正如索绪尔所写：

> 可以这样理解，概念是完全不同的，不是由它们的内容来肯定地定义的，而是由它们与系统其他术语的关系来否定地定义的。它们最精确的特征是成为其他所不是的……符号不是通过它们的内在价值，而是通过它们的相对位置发挥作用（1966：117-118）。

他通过"在语言中只有对立（in language there are only oppositions 1966：120）来总结关于这个问题的观点，而这些对立不在肯定的术语之间。

从本质上讲，我们通过设置对立来找到概念中（以及语言和生活的其他方面）的意义。因此，这意味着（听起来像双关语）概念从对立中衍生出它们的含义。因此，当快乐仅作为悲伤的对立面，健康仅作为疾病的对立面时才有意义。正是这些关系赋予概念以意义，并通过暗示的方式赋予作为物质文化构成部分的人造物和物品以意义。我还应该指出，对立与否定不是同一回事。对幸福的否定是不幸福；幸福的对立是悲伤。它们不是同一件事。

索绪尔所谓的"声象"成为一个物品或能指。游戏就是要识别该物品所表示的含义。在某些情况下，人造物可以被认为是一个包含许多不同能指与所指的符号系统，这使事情变得更为复杂。例如，某人的照片可能包含许多不同的能指：帽子、眼镜、珠宝、鞋子、公文箱、公文包、钱包、手杖等。

我们还可以根据物品的大小、形状、质地、颜色和纹理对其进行考虑。

诠释符号的问题

在第一章的福尔摩斯探案讨论中，我们看到一个物品（如一顶旧帽子）可以包含许多不同的能指，因此，我们可以说物品应被视为符号，并且在大多数情况下，应被视为符号系统——其中包含许多其他符号的符号。因此，可以将福尔摩斯给华生的帽子看作是一个由较小能指组成的符号系统：帽子的大小、制作的材料等。

以下是充当能指的人造物或物品的列表，分析者所要推断的是它们的所指含义（表 3-1）。这些所指都是基于约定俗成的，并且在许多情况下，可以从一个能指中推断出许多不同的所指，这使得能指有时难以分析。还有一些习俗变化和符号谎言（佩戴会给人留下错误印象的符号，这是我们即将讨论的问题）。

表 3-1　作为能指的物品与所指的含义

能指 / 物品	所指
礼帽	英国人
领结	知识分子
牛仔帽	牛仔、西部人
反戴的棒球帽	嘻哈音乐
名牌眼镜	时尚的、时髦的
指针式电子表	老式的
数码手表	现代的
吊带裤	老式的
黑色高领毛衣	文艺的？披头士式的？
昂贵的手袋	注重风格、富有的

我们在日常生活中花费了大量精力来观察符号并试图解释其含义。当涉及物质文化时，这些符号涉及人体装饰品、衣服、鞋子和其他物品，由于样式、品牌、成本和其他因素，每种符号都传达了不同的信息。例如，一件物品是 iPhone 之类的高端智能手机，还是更便宜品牌的智能手机（其价格可能与更昂贵品牌的"入门级"版本相同）。因此，我们必须考虑品牌、成本、物品是现代的还是老式的，是真品还是"假货"等。这意味着我们必须具有一定数量的产品知识和常识，才能

确定如何从符号学的角度解释物品。我们通过
广告和媒体获得了产品知识。

皮尔斯论符号

查尔斯·桑德斯·皮尔斯是现代符号学的
另一位创始人，也是给该学科命名的人。他提
出宇宙是由符号组成的，并且符号的解释者必
须提供一些含义。他写道，符号是"某种在某
人看来在某方面或某能力上代表某事的东西"
（引自 Zeman，1977：24）。皮尔斯阐述了一种
三分法，他说符号有三种：通过相似性表示的
图像符号（iconic signs），通过因果表示的指
索符号（indexical signs），必须了解其含义的
象征符号（symbolic signs）。

我们可以在下表中看到符号的这三个方面
（表 3-2）：

表3-2　符号的三方面

符号	图像	指索	象征
模式	相似性	因果关系	习俗
过程	能见到	能决定	能了解
举例	人像	炸弹碎片	旗帜

我们可以将索绪尔和皮尔斯的符号学方法结

合起来，并使用这两种方法来分析物质文化。因此，我们可以查看物品是图像性、指索性还是象征性的，可以将它们视为具有可识别含义的能指。

照片和其他物品（如硬币）通常上面都印有重要人物的图像，属于图像物品。旗帜是象征性的，因为它们的意义必须被了解，因此本质上是文化的。炸弹碎片能够使专家确定使用了哪种炸药，在某些情况下还能确定炸药和炸弹装备的来源。

乔纳森·卡勒（Jonathan Culler）解释了符号学的重要性，内容如下：

> 语言学在研究其他文化现象中可能有用的观点基于两个基本见解：第一，社会和文化现象不仅仅是简单的物质物品或事件，而是具有意义的物品和事件，因此是符号；第二，它们没有本质（essence），而是由关系网络定义的（1976：4）。

因此，对物质文化进行符号学研究的方法包括寻找这些物品作为符号并对他人产生意义的方式。从符号学的角度来看，没有任何东西本身具有意义。物品的含义总是源自其所嵌入的关系网络。因此，在研究手表时，我们必须考虑它是数字的还是指针的，是入门级、中级还是高级，以及与其他公司提供的其他手表相比如何。

罗兰·巴特谈物体的符号学

在罗兰·巴特（Roland Barthes）的著作《符号学的挑战》（*The Semiotic Challenge*，1988）中，有一章名为"物品的语义学"（Semantics of the Object）。他在文中就符号学在分析物质文化中的作用提出了见解。他写道：

> 正是在这种符号学研究的一般背景下，我想对物品在当代世界中的表达方式进行一点简短而概括性的反思。在这里，我必须立即指出，我对"表达"（signify）一词给予了非常重要的意义（1988：168）。我们绝不能将"表达"与"交流"相混淆："表达"意味着物品不仅携带信息（在这种情况下，它们将进行交流），而且还构成符号的结构化系统，即本质上是差异、对立和反差的系统。

他指出，我们通常将一个物品定义为"用于某物的某物"，然后又说道（1988：169）："几乎从来没有一个物品是无用的（for nothing）。"巴特斯认为，存在一个涉及物品的悖论：

> 我要指出的悖论是，这些物品原则上始终具有功能、效用、目的，我们认为我们体验或经历的是纯粹的工具，而实际上，它们带有其他东西，它们还具有其他意义：它们充当了意义的载体……总有一种意义会超越物品的用途……没有可以逃避意义的物品（1988：169–170）。

巴特告诫说，他将研究物品意义时存在的问题，形容为显而易见的障碍。我们必须超越显而易见的东西，对物品的研究要脱离其在世界上的作用。我们必须研究物品在广告、电影和剧院中的使用方式，以便更好地理解它们对人们的意义。

巴特于1964年写了这篇文章，当时他还没有写出最著名的《神话》一书，在关于物品的文章中，我们可以看到他开始研究法国文化，这为他后来写出《神话》一书做了铺垫。他文章结尾处讨论了人们将物品转换为他所谓的"伪自然"的方式，该主题在《神话》中具有重要意义。

论符号的真实性

杰出的符号学家翁贝托·艾柯提出了符号可以用来撒谎的问题。正如他在其著作《符号学理论》（*A Theory of Semiotics*）中写道：

> 符号学关注一切可以视为符号的事物。一个符号就是一切可以被视为明显替代其他事物的事物。在符号代表这个其他事物的那一刻，该事物并不一定必须存在或实际存在于其他地方。因此，符号学原则上是研究一切可以用于撒谎的事物的学科。反之，如果某事物不能用来撒谎，它就不能用来说实话。它根本不能用来"表述"。我认为"谎言理论"的定义应该被视为一般符号学的相当全面的方案（1976：7）。

艾柯提醒我们要意识到，符号可能会用于误导他人，因此，在研究物品时，务必谨慎。

我们可以在下表中看到人们如何使用符号来"撒谎"（表3-3）。

表3-3　物品与误导方式

物品	误导的方式
增高鞋	掩饰身材矮小
假发	秃头者掩饰秃头
人造蟹肉	假蟹肉便宜得多
假胸	丰满的胸部
异性的衣服	异装癖

从清单中可以明显看出，通过使用某些物品，我们可以操纵我们的身份并利用符号"撒谎"。这个符号撒谎的过程不仅在物品中可以发现，而且在日常生活的其他方面（包括物品设计、面部表情、肢体语言和语言本身）都可以发现。在我们所谓的"观察人"的行为中，有很多涉及检查人们穿戴或使用的各种物质文化，如帽子、珠宝、衣服、鞋子、手袋 、公文包等。我们在"观察人"时面临的一个问题是，在大多数情况下，我们无法知道人们是否在用符号撒谎，一些金发女郎事实上是黑发，您看到的金发美女可能实际上是一个男人，而那个英俊男人则可能是女人。

外延与内涵

在符号学理论中，外延和内涵起着重要的作用。在处理人造物时，外延涉及详细的描述和测量，而内涵涉及文化含义和与之相关的神话。让我们探讨一个重要的人造物——芭比娃娃。从外延角度来看，芭比娃娃高为 11.5 英寸（29.21 厘米），以及以下尺寸为 5.25 英寸（约 13.34 厘米）×3 英寸（7.62 厘米）×4 英寸（10.16 厘米）。它是 1959 年发明的。这些材料都是事实。

查尔斯·温尼克（Charles Winick）在他的《美国生活中的去性别化》（*Desexualization in American Life*）一书中，对芭比娃娃和与之类似的其他玩具娃娃的心理和文化意义进行了阐释。他认为芭比娃娃反映出儿童社会化方式的基本变化。现在，小女孩们不再是学习如何为人母那样玩娃娃，而是学习如何变得具有吸引力，练习如何建立恋爱关系以及学习如何成为消费者。如果真是这样，芭比娃娃改变了女孩的发展方式，并深刻影响了男女之间的关系。因此，我们看到，简单的物品可以揭示它们所处社会的许多不同方面，并且对这些社会产生深远的影响。

结论

物质文化的符号学方法为我们提供了解释物品和人造物的能力，并且正如本章卷首语所引述的巴特的描述那样，它可以解释这些物品如何与文化规范、儿童的社会化以及其他社会和文化等现象联系在一起。重要的是，我们必须认识到物品在社会中发挥着不同的作用，其意义并没有在其直接功能中被穷尽。正如索绪尔所指出的，符号学是对社会符号的研究。我们一定不要忘记符号学理论的这一重要方面，它表明阐释物质物品可以教会我们很多有关它们所处的社会的知识。

　　青少年原型模型或全形娃娃于 1957 年推出，芭比娃娃于 1959 年出现，其后两年她的男友肯（Ken）出现。芭比和肯的销售比为 3 : 1。十年来，每年平均售出超过 600 万个人体模型娃娃。芭比娃娃的标准衣柜最低售价高达 588 美元。……这些模特娃娃对数以百万计的 4~12 岁的娃娃主人有什么影响？这些年龄段的女孩可能无法从娃娃身上获得为人妻、为人母的情感准备。芭比娃娃是一个性感的妙龄女郎。一个保护洋娃娃并把它当成母亲形象的女孩，看到她的母亲还是少女，这无疑是令人困惑的。如果年轻人将自己认作母亲形象，则她正在照顾一个已经青春期的孩子……

　　对于由芭比陪伴长大的女孩来说，与异性的关系可能并不精彩和令人兴奋。它甚至是我们文化的物质装配线的一个常规化方面，由于其可预测的结果而缺乏神秘性或动力。芭比女孩可能会逐渐期望自己价值的实现是通过衣橱不断增加，并且越来越能具备让其父亲和后来的丈夫购买衣服以及更多衣服的能力。

　　查尔斯·温尼克，《美国生活中的去性别化》（1995：226-227）

　　温尼克的理论认为，芭比娃娃和其他类似的娃娃反映了女孩社会化过程中发生的基本变化，并导致女孩对母性及其与男人的关系的思考方式发生了重大变化。芭比娃娃的内涵在这里很重要。因此，芭比娃娃是一个非常重要的能指，而认识到这些玩偶的所指方面是非常具有启发性的。

日常生活是模式的相互交织，它们调节着居民的行为，同时又将这种行为与更大的意义相关联（例如，可接受的礼节规范、道德秩序和法律制裁）。这些监管模式通常称为制度。日常生活发生在制度秩序笼罩的语境中。它与延伸至其内部的特定制度在不同的地方相交，并且它的常规本身也包括制度化的行为，即以既定方式被模式化和规范化的行为。同样，理解我们社会经验的这两个方面的相互关系也是重要的，日常生活只能在渗透它的特定制度及其所处的整体制度秩序的背景下才能被理解。相反，只有在以人及其在日常生活中当前经历的事件为代表的情况下，特定制度和整个制度秩序才是真实的。

　　彼得·L·伯格（Peter L. Berger）和布里吉特·伯格（Brigitte Berger），《社会学：一种传记方法》（*Sociology: A Biographical Approach*，1972：10）

第四章

物质文化的社会学分析

我们已经讨论了两种研究物质文化的理论方法：精神分析理论和符号学理论。现在，我们再增加社会学理论，该理论涉及社会学家和其他学者为理解制度（如上文两位伯格所述）如何在社会中发挥作用而进行的尝试。从技术层面来说，社会学研究的是群体和制度中的人类。重点是社会的运作方式，包括婚姻和家庭、阶级制度、种族、性别、宗教以及集体行为的其他方面。在本章中，我将重点介绍有助于阐明物质文化的社会学理论和概念。

社会学理论

法国哲学家奥古斯特·孔德（August Comte，

1798—1857）使用"社会学"一词来整合关于人类的理论和实践研究。他的社会学目标是"知道是为了预见，预见是为了控制"。他想辨别人们组织生活的法则，以便他和其他社会学家可以帮助建立更加人道和理性的社会秩序。

另一位法国学者爱弥尔·涂尔干（Emile Durkheim，1858—1917）是公认的法国社会学的奠基人。他认为个体与社会之间的关系非常复杂。正如他在《宗教生活的基本形式》（*The Elementary Forms of Religious Life*）一书中解释：

> 在他体内有两种生命：一种是个体生命，它基于有机体，因此其活动范围也受到严格限制；另一种是社会生命，它代表了我们可以通过观察得知的知识和道德秩序中的最高现实——我指的是社会。我们本性的这种二元性的结果是，在实践秩序中，道德理想对功利主义动机的不可还原性，而在思想秩序中，理性对个人经验的不可还原性。就个人属于社会而言，无论是在思想上还是行动上，个人都超越自己（1915/1965：29）。

这有助于解释彼得·伯格和布里吉特·伯

格在本章卷首语中所写的内容。我们具有个性，这是基于我们的身体天赋，即我们是"有机体"这一事实。同时我们也是一种社会生物，其思想和价值观在不同程度上受到社会秩序的塑造。

我们处于社会中，社会亦处于我们之中，忽略本性两个方面中的任何一方都是一种过分简化。关于人造物，我们可以说同样的话：它们存在于社会中，它们又反映了社会。这就是为什么人造物不仅是过去的勉强见证，还是现在的宝贵见证。

功能主义

许多社会学家都是结构功能主义者，他们的研究基于这样一个观念，即社会制度是一个持续存在的制度体系的一部分，每个制度都与所有其他制度联系在一起。他们关注的是制度（或别的什么）是有助于社会的稳定和维护（在这种情况下，制度是"有功能的"），还是导致社会的动荡和崩溃（在这种情况下，制度是"功能失调的"）。如果一个制度不发挥作用，那就是"无功能的"。

由此，我们可以看到结构功能主义通常具有保守倾向，因为它把维持社会作为主要考虑因素，而不是关注社会和制度的变迁以及发展。我们还可以将功能主义应用于制度的组成部分以及各种不同的实体（包括人造物），询问人造物对人有什么功能。功能主义者还区分了隐性功能和显性功能。这些隐性功能不是有意的，而且我们也意识不到（但可能很重要），而显性功能是我们想要的，而且我们也意识得到。

手机的显性功能是几乎能在任何地方拨打电话。手机的隐性功能可能涉及从处理孤独感和掌握孩子行踪，到可以通过在手机上拨几个号码来召唤他人而使人感到有力量之类的种种事情。我们对手机如此依赖，以至于巴拉克·奥巴马（Barack Obama）出任总统后拒绝放弃他心爱的黑莓手机，而特勤局必须做出安排以便他可以使用它。

物质文化研究者对功能主义的六个方面感兴趣（表 4-1）：

表 4-1　功能主义的六个方面及作用

方面	作用
功能的	有助于维持实体
功能失调的	破坏实体
无功能的	对实体不起作用
功能替代	替代原有功能
显性功能	明确、说明了使用某物的原因
隐性功能	涉及使用某些东西的潜意识因素

从功能主义者的角度出发，我们可以提出一些关于人造物的问题。我将以智能手机作为功能分析的主题（表 4-2）。

表 4-2　功能主义与智能手机

方面	智能手机
功能的	与他人联系
功能失调的	干扰他人、浪费时间
无功能的	不适用
功能替代	替代传统电话
显性功能	打电话、发短信
隐性功能	控制他人、避免孤独

在 2000 年春天的一个下午，转变的最初迹象开始向我展示。那时，我开始注意到东京街头的人们盯着他们的手机，而不是在打电话。目睹这一在当今世界已经很普遍的行为时，引发了我曾经历过几次的感觉——立即意识到一种技术将以我几乎无法想象的方式改变我的生活。从那时起，通过移动电话互发短信的做法导致了欧洲和亚洲亚文化的爆发。至少有一个政府倒台了，部分原因是人们使用短信的方式。青少年的交往习惯、政治行动主义和公司管理方式已经以意想不到的方式发生了变化。

霍华德·莱因戈德（Howard Rheingold），《聪明行动族：下一次社会革命》（*Smart Mobs: The Next Social Revolution*，2003：XI）

莱因戈德对智能手机将改变我们生活方式的预见已经实现，因为这些设备及其智能手机的后继产品已经无处不在，并且在全世界年轻人的社交生活中发挥着重要作用。在许多第三世界国家，由于几乎没有固定电话或个人计算机可用，手机和智能手机使人们能够相互交流并首次连接到互联网。

因此，我们可以看到，物品的功能远不止其主要功能，而且许多物质文化中最有趣的方面涉及其隐蔽的而且往往是未被识别的功能。

品位文化

所有领域的社会学家和社会科学家都喜欢发展类型学，即分类方案，他们认为这有助于我们更好地理解社会、制度和其他现象的运作方式。最有趣的类型学之一是社会学家赫伯特·J.甘斯（Herbert J. Gans）在其著作《流行文化与高雅文化》（*Popular Culture and High Culture*）中提出的。甘斯希望捍卫喜欢流行文化的人们，避免他们受到喜欢高级或"精英"文化的精英人士的攻击。

为了实现这个目的，他提出在美国（并且暗示在其他社会中也是如此）存在着许多不同的流行文化和精英文化，而每种文化都是他所描述的品位文化的一部分。这些品位文化使我们开心，向我们传达信息并美化我们的生活。正如他所解释的（1974：10）：

> 正如我所定义的，品位文化由价值、表达这些价值的文化形式（音乐、艺术、

设计、文学、戏剧、喜剧、诗歌、批评、新闻）以及表达这些价值的媒介（书籍、杂志、报纸、唱片、电影和电视节目、绘画与雕塑、建筑）组成。并且就算是普通消费品也表现出美学价值或功能（例如，家具、衣服、电器和汽车）。

然后，在提供 5 种美国品位文化列表之前，他讨论了流行文化与精英文化之间的关系以及与两者相关的各种问题。他指出，它们非常笼统，不涉及特殊的宗教、种族和地区变体。他的书于 1974 年出版，所以他列举的许多例子都已过时或不再存在，但是甘斯的理论（美国有 5 种独特的品位文化）为我们提供了一种思考方式，来理解不同群体如何使用各类物质文化。

甘斯还指出，人们对购买的物品所做的选择是相互关联的。也就是说，正如他所解释的那样，读《纽约客》（*The New Yorker*）或《哈珀》（*Harper's*）的人也喜欢看外国电影、听古典音乐、吃美食以及选择现代（当时是丹麦现代）家具。

这 5 种美国品位文化基于社会经济阶层、宗教、年龄、教育、民族和种族背景以及人格

等因素。下面列出了 5 种品位文化的示例，这些示例仅限于他在书中提到的物品和物质文化：

1. 高雅文化

（社会经济文化精英、创新类型）

原始艺术与抽象表现主义艺术

《纽约书评》(*New York Review of Books*)

2. 中高层文化

（高管、专业人员、经理及其配偶）

《时代》《新闻周刊》

《哈珀》《纽约客》《女士》《时尚》

3. 中低层文化

（中低层老年人）

好莱坞现代家具（非常华丽）

忏悔杂志

4. 准民间低层文化

（不熟练的蓝领和服务工人）

小报

漫画书

5. 青年、种族文化

迷幻和多媒体艺术

扎染和男女通用的服装

尽管我们可能会质疑甘斯将美国消费者分为 5 种（而且仅有 5 种）品位文化（或品位亚文化）的划分方式，但其提出的美国存在许多不同

的、不固定的文化和社会经济群体，每个群体对于他们喜欢和不喜欢
的艺术，以及他们所购买的物品和人造物持有特定观念的观点却是合
理的。

甘斯在书中所做的是捍卫不同的品位文化，主张审美多元性，并指
出每种品位文化都可以找到与其兴趣、教育水平和审美敏感性相称的媒
体和时尚。他告诉我们，中低层品位文化在美国占主导地位，或者曾经
在 1972 年（他写这本书时）占主导地位。

甘斯所使用的类型学与甘斯撰写本书前 20 年 W. 劳埃德·华纳（W.
Lloyd Warner）对美国社会的经典描述略有不同。华纳在其 1953 年的
著作《美国生活：梦想与现实》（*American Life: Dream and Reality*）中
提出，美国有 6 个阶层：

上上阶层：1.4%；

低上阶层：1.6%；

上中阶层：10%；

低中阶层：28%；

上低阶层：33%；

下低阶层：25%。

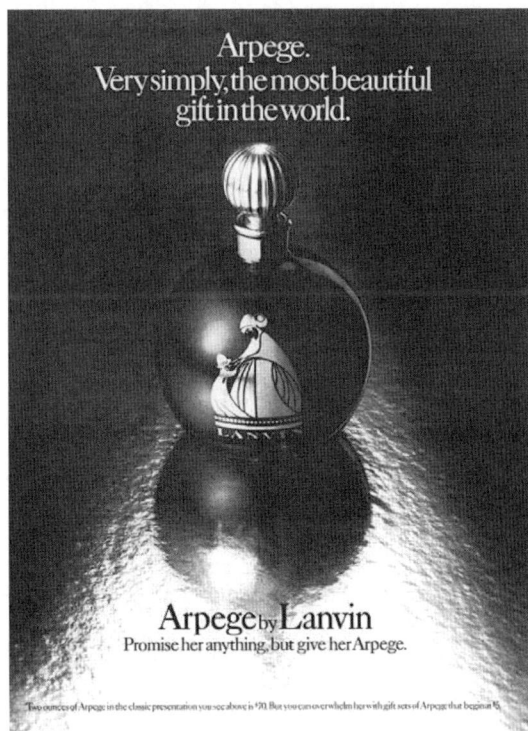

他说，低中阶层和上低阶层代表了美国的普通男女。尽管这些数据已有几十年的历史了，但与当今美国社会的经济构成相去不远，大约1%的人拥有美国财富的最大份额。

我们阅读的大量书籍、报纸和杂志旨在为我们提供一种观念，即对于每种社会经济阶层或品位文化的成员而言，什么样的物品和其他类型的物质文化才是合适的。这是广告的功能之一，它教我们如何评估物品并根据人们穿戴和拥有的物品来解读人。广告教会我们成为"有辨别力"的消费者，并认识到什么样的品牌适合什么样的人。

例如，我们通常会仔细观察我们看到的人（在现实生活、电影、电视、广告和平面广告中）所使用的广告品牌，如眼镜、衬衫、领带、毛衣、外套、裤子、夹克、鞋子、皮夹、公文包、背包等。这些产品中许多都带有帮助人们观察别人的商标和其他标记。它们是"身份象征"，这些将在关于经济学、物质文化等章节中进行讨论。佩戴名牌和昂贵的品牌似乎使我们对自己的形象以及对自己在他人眼中的形象感到满意，因为在我们看来，这些名牌物品是我们成功的标志。这引出了我的下一个主题，即人造物所提供的用途和满足感。

人造物提供的用途和满足感

用途和满足感理论最初是由媒介理论家提出的，他们对人们为什么看肥皂剧或观看某些电视节目感兴趣。他们没有试图找出媒介用途的影响，而是将重点放在人们对所消费的媒介的利用以及各种媒介类型带来的满足感上。我们可以对人造物做同样的事情，并将人们对其所拥有的物品的用途以及这些物品给他们带来的满足感理论化。为此，我们必须修改用途和满足感的原始列表，以便将其应用于人造物的消费和拥有上。

拥有美好的事物

这是体验美好事物所带来的满足感的一种变体。我们从拥有想要穿戴的美好服饰和拥有美好的家居饰物中获得了一种心理上的回报，因为拥有"美丽"或想要的物品可以增强人们的幸福感，并使我们感到自己成功了。

寻找转移和分散注意力的方法

在这里，我们发现购买物品的过程使我们能够摆脱世俗的关注，从而努力提高（我们相信能提高）我们的生活质量。此外，购买商品的行为给了我们一种力量感，一种从我们感到如此困扰的匿名状态中解脱出来的感觉，哪怕只是短暂的片刻。我们购买的物品（如智能手机、电视和平板电脑）通常是我们可以用来娱乐的物品，尽管它们也可能具有其他功能。

模仿我们尊重的模式

我们购买的许多人造物和产品都是出于模仿他人的愿望。法国学者勒内·吉拉德（René Girard）在他的《莎士比亚：欲望之火》（*A Theater of Envy: William Shakespeare*）一书中提出，我们之所以购买使用电影明星和名人做广告的东西，是因为我们效仿他们在广告中体现的欲望。

确认审美价值

我们对领带、衬衫、珠宝或任何其他衣服或物品的选择均反映出我们的"品位"和审美价值，炫耀性消费还会反映我们的地位。稍后，在玛丽·道格拉斯（Mary Douglas）在人类学章节的讨论中，我们将看到，我们选择的对象可能更多地与我们的生活方式（我们所认同的群体）联系在一起，而不是与我们的个性和品位联系在一起。

地位

我们可以将地位定义为某个人在某个群体中所具有的位置，或者该群体相对于其他群体所具有的位置。我们向他人展示自己地位的方法之一是购买能够象征地位的物品，这些物品暗示了我们的财富和社会经济阶层。社会学家认为有两种地位：第一种是赋予地位（ascribed status），这基于诸如我们的性别、年龄以及出生家庭的地位等因素；第二种是获取地位（achieved status），这取决于我们的功绩、能力和在各种努力中取得的成功。传统社会是赋予地位占主导的社会，而现代社会通常以获取地位为规则。但是，由于出生在富裕家庭的一些孩子比出生在贫困家庭的孩子拥有更好的生活机会，因此获取地位意味着许多经济上没有成功的人会忍受疏离和相对匮乏感。

角色

角色的概念与地位有关。角色是指具有特定地位的人的预期行为。人在一天内扮演许多不同的角色。女人可能扮演母亲、公司的行政人员和宗教组织的成员三种不同的角色。我们的角色行为通常是无意识的，但是社会学家提出了一个"戏剧性角色呈现（dramatic role presentation）"的概念，其涉及个人为在他人处建立积极印象而做出的有意识的努力。例如，在诸如大学这样的职称等级机构中，正教授相比副教授和助理教授而言，地位更高，扮演的角色也有所不同。

一些人面临的问题是他们没有学会正确地扮演某些角色，例如，上大学的年轻人，由于他们没有学会正确扮演学生角色而经常陷入困境。我们使用"社会化"一词来指导人们在各种情况下应该扮演什么样的角色的行为。许多人的社会化方式不正确，这给他们以及与他们接触的其他人带来了麻烦。时尚就是人们如果穿着与自己地位不匹配的衣服就会表现出不当的社会化的领域。因而，懂得根据我们被要求扮演的各种角色正确或适当地打扮十分重要。

社会学家发现了人们利用时尚和其他物品模仿他们所认同的群体的一些行为。因此，有些人没有摩托车却因为穿着皮夹克和其他摩托车骑行装备而看起来像摩托车手。正如符号学家所言，它们是"撒谎"的符号和象征。

让·鲍德里亚的《物体系》

让·鲍德里亚（Jean Baudrillard，1929—2007）是法国马克思主义者、社会学家和符号学家，其著作《物体系》（*The System of Object*，1968 年法文版 / 1996 年英文译本）被

认为对理解物质文化作出了重要贡献。他在书的简介中，讨论了他对物质文化的看法：

> 日常物品（我们在这里不考虑机器）激增，需求成倍增加，产量缩短此类物品的使用寿命。但是我们缺乏词汇来命名它们。我们如何指望对一个在我们眼前变化的物品世界进行分类，并找到适当的描述系统？分类标准几乎与物品本身一样多：物品的大小，功能程度（即物品与其自身客观功能的关系），与物品相关的表达（是富有的还是贫穷的？传统的还是非传统的？），它的形式，它的持续时间，它出现在一天中的时间，它转换的材料，使用时的排他性程度或社交活动参与的程度（是用于私人、家庭、公共还是广泛用途？），诸如此类（1996：3-4）。

鲍德里亚提醒我们注意物品的许多不同品质以及它们在我们生活中扮演的各种私人和公共的角色。当我们开始分析物品时，他为我们提供了要考虑的事物清单。在这段话之后，他补充说，他对物品的功能或我们可能将其放入的类别不感兴趣，"而对人们与它们相关的过程以及由此产生的人类行为和关系系统颇感兴趣。"（1996：4）换句话说，他关注的是物品揭示了社会关系和社会的什么内容。

在谈广告的章节中，鲍德里亚提醒我们注意物品在我们思考以及与其产生关联的方式中所扮演的角色。他写道：

> 任何对物体系的分析最终都必须暗示对物品的话语分析，即对促销"信息"（包括图像和话语）进行分析。因为广告不仅仅是物体系的附属物。它不能与之分离，也不能局限于其"适当的"功能（严格限于提供信息的广告之类的事情是不存在的）。实际上，正是

由于广告的比例失调，广告现在已成为物体系不可替代的方面……广告整体构成了一个无用和不必要的世界。它是纯粹的内涵。它对事物的生产或直接实际应用没有任何贡献，但它在物体系中起着不可或缺的作用，不仅因为它与消费有关，还因为它本身成为了要消费的对象（1996：164）。

鲍德里亚写这本书时，广告或许确实扮演了他所赋予的那个角色，但是近年来，广告公司在物品的设计以及向人们推销物品的努力中发挥了同样重要的作用。我经常想到，尽管许多人对美国的历史、文学或文化知之甚少，但他们都拥有大量的"产品知识"，因为他们每天都在随处可见的平面上（电视屏幕、计算机显示器、手机屏幕、公共汽车车身等）接触大量的广告。正如我们在约翰·伯格（John Berger）对物品的分析中将会看到的那样，广告在向人们出售物品方面起着至关重要的作用。

结论

社会学的视角为物品和人造物在我们的生活中扮演的角色提供了一些有趣的见解，但也引发了有关这些物品如何影响人以及怎样促使人们购买它们的一些问题。从功能的角度来看，我们不能假设我们了解或认识所购买的人造物在生活中所起的作用，人造物常常承载着未被察觉的功能，而形塑我们选择与占有某件人造物欲望的因素更是纷繁复杂。

社会学理论还提出我们在研究物质文化时，考虑诸如年龄、性别、人种、社会角色、地位以及物品提供的用途和满足感等因素。因此，在处理物质文化时，我们可以使用许多不同的社会学模型和方法。

在人类所从事的社会生产中，他们之间建立起必不可少的、独立于其意志的关系，这些生产关系对应物质生产能力的一种确定的发展状态。这些生产关系的总和构成了社会的经济结构，这是法律和政治上层建筑以及社会意识的确定形式所对应的真正基础。物质生活的生产方式决定了生活的社会、政治和精神过程的一般特征。不是人们的意识决定他们的存在，相反，是他们的社会存在决定他们的意识。

卡尔·马克思（Karl Marx），《政治经济学批判》导言（Preface to *A Contribution to the Critique of Political Economy*，1859：51）

第五章

经济理论与物质文化

如果人造物是单纯地显示出人类的工艺水平的物品，则意味着人造物是由其他人（无论是个体工匠，还是通常在偏远地方的大型工厂中的大量工人）制造的。在当代美国，我们购买的许多物品都是在中国或其他国家制造的。那么，物品就是冰山的一角，而在我们目力不及的"海底"，则是人类劳动（包括设计、制造、运输、广告等）。

需要与欲望：轻装前行，重装抵达

我们大多数人拥有的"东西"［乔治·卡林（George Carlin）的术语］比我们需要的多。我们究竟真正需要多少条裤子、多少双袜子或鞋子呢？事实上，我们往往积累了超过我们需要或用得上的东西。最近，我开始考虑妻子和我在家里的所有"东西"：1 架钢琴，3 张沙发，1 把双人椅，1 把老式长椅，3 把皮质墨西哥椅子，2 台电视机（其中一台是液晶高清电视机，20 英寸），2 台台式计算机，2 台平板电脑，12 幅油画原作，1 台笔记本电脑、2 辆汽车、6 个钟控收音机、8 副旧眼镜、3 台吸尘器、3 个微波炉、5000 本图书、3 套陶瓷餐具、2 台打印机、1 台传真机、1 台扫描仪、4 部固定电话、1 个洗碗机、1 台洗衣机、干衣机、废物处理系统，4 个意式浓缩咖啡机，2 个咖啡研磨机，2 个 MP3 播放器，2 套高保真音响，200 张 CD……甚至可以继续列下去，而且还没算关于我的衣服或妻子的鞋子、套装、衬衣、香水或其他东西。

我没有提到我们拥有的各种物品的品牌，正如我们所看到的，这对许多人来说是相当重要的。因为您拥有的物品不是唯一要考虑的因素，物品的品牌在物质文化分析中具有重要意义。我们可以看到我家中的物品清单（虽然不完整），以及作家里克·莫拉尼斯（Rick Moranis）的财产清单（我只是进行了抽样调查）。由此可见，获得很多财产容易，摆脱它们却很难。"获得"是比"购买"更好的词，它不意味着是在花钱买东西。

我们所有人都花大量时间购物。购物时，我们会买食物、衣服、家具、高科技小物件、CD、邮票、汽车等，不一而足。这些东西最终出现在我们的房屋中，因此我们一生都在所购买的或被赠予的各种物品的包围中度过，这些物品被描述为我们爱的对象。我们购物和我们所购买的东西（或我们被给予，并因此拥有的东西）是我们在自己和他人面前定义自我的一种方式，我们经常对自己的财产产生强烈的情感依恋。这就解释了为什么我们如此不愿与它们分开。

里克·莫拉尼斯谈物质文化

作家里克·莫拉尼斯撰写的一篇幽默的文章《我的日子被编号了》（*My Days Are Numbered*），登载于 2006 年 11 月 22 日的《纽约时报》（*New York Times*），文中指出他有：

5 台电视机	4 台打印机
2 台数码录像机	2 台不用的传真机
3 台影碟机	2 台答录电话机
19 个遥控器	46 本烹饪书
3 台电脑	68 份外卖菜单（来自4家餐厅）
5 个水槽	2 台冰箱
26 套亚麻套装	506 张光碟、磁带等
14 台数码钟	9 张扶手椅

我们大多数人没有里克·莫拉尼斯那样多的水槽、冰箱和外卖菜单，但是如果我们对自己的财产进行盘点，我们通常会为我们积累了多少"东西"感到惊讶。

我想要很多玩具

广告的作用

沃尔夫冈·豪格（Wolfgang Haug）在他的著作《商品美学批判》（*Critique of Commodity Aesthetics*）中提出，广告业已经学会如何将性感与物品和人造物联系起来并对其进行"美学化"，从而使资本主义社会中的统治阶级能够更充分地剥削大众。广告的直接目标是出售人工制品和各种产品，但其长远目标是使人们的注意力从剥削中转移出来，并为资本主义经济体系存在的合理性辩护。

亨利·列斐弗尔（Henri Lefebvre）则认为，广告为所有物品赋予价值。正如他在《现代世界的日常生活》（*Everyday Life in the Modern World*，1971：105）一书中写道：

> 在 20 世纪下半叶的欧洲，或至少在法国，无论是物品、个人，还是社会群体，其价值的建立都离不开广告形象对其自身的宣传和神圣化。该形象不仅复制了物体对象的物质的、可感知的存在，而且还复制了虚构的欲望和愉悦感，在虚构世界中许诺"幸福"，即成为消费者的幸福。

列斐弗尔认为，广告所做的就是将自己从一个诱使人们购买物品和产品的行业，转变为一种能够在人们眼里赋予物品和产品以及其他一切东西价值和地位的行业。对于列斐弗尔而言，广告已控制了日常生活，并赋予每个人态度和风格感，这些都可以影响他们的购物和生活。

索尔斯坦·维布伦和炫耀性消费

索尔斯坦·维布伦（Thorstein Veblen，1857—1929）是一位"激进的"美国经济学家，他对消费在美国的作用提出了不同的看法，刘易斯·科瑟（Lewis Coser）在《社会学思想名家》（*Masters of Sociological Thought*，1971：268-269）一书中分析维布伦理论时写道：

> 维布伦在分析人们在不断争取竞争优势的斗争中试图采用的象征自己的崇高地位的各种手段时说得好极了。炫耀性消费、炫耀性休闲、炫耀性展示显赫地位的符号，对维布伦来说，是人们试图超越周围人并提高自我评价的一些手段。

维布伦告诉我们，我们必须注意炫耀性消费的最终目的，即增强自我意识。

科瑟认为，维布伦使用功能分析来处理炫耀性消费。科瑟解释说：

> 当维布伦描述炫耀性消费模式的各种表现时，他总是煞费苦心地挖掘出它们潜在的功能。显然，蜡烛是用来提供

光线的，而汽车是交通工具。但是在金钱制度下，它们具有表明身份和提升地位的隐性功能。晚餐时点蜡烛，表明房主展示着一种上流社会独特的雅致生活……鱼子酱象征着绅士品位的精致（1971：271）。

维布伦认为，有必要寻找物品的隐性或潜在功能，以充分了解它们在我们的生活中所扮演的角色。问题在于我们永远无法对自己拥有的东西感到满意。正如维布伦在《有闲阶级论》（*The Theory of the Leisure Class*）一书中写道："只要一个人有新的获得，并习惯了新的财富标准，随之而来的是新标准将不再带给人们明显的比旧标准更大的满足感"（科瑟，1971：268）。这意味着我们陷入了一种永远无法停止渴望新事物和更好事物的境地，因为我们一直在将自己与其他拥有更多事物的人进行比较。

乔治·西美尔谈时尚

德国社会学家乔治·西美尔（Georg Simmel，1858—1918）为我们提供了时尚在经济中的作用的见解。他谈论服装，但是时尚可以在更广泛的范围被考虑，并且可以被理解为不仅涉及新的服装样式，还涉及我们使用的人造物的新模型的开发。正如他在《时尚的哲学》(*The Philosophy of Fashion*) 一文中所解释 (David Frisby 和 Mike Featherstone, 1997: 192):

> 时尚的本质在于以下事实: 始终应仅由给定群体的一部分人来行使它，而群体中的绝大多数人只是在追逐它的路上。一旦一种时尚被普遍采用，也就是说，最初只有少数人完成的任何事情已经真正被所有人实践 (某些服装元素和各种形式的社会行为就是这种情况)，我们不再将其描述为时尚。时尚的每一次发展都将其推向灭亡，因为发展取消了它的独特性。

西美尔在这里指出了一个有趣的过程: 一旦大众的使用影响了时尚的排他性，时尚达人和新使用者就不得不转向新的事物。因此，这是一条永无止境的活动链，因为当创建其他事物或使用更新的版本时，时尚的事物会失去其独特性，而会被较新的事物替换。资本主义经济体非常愿意创造新产品 (如 MP3 播放器) 和产品的新版本 (如 iPod)。

他还解释了为什么女性如此关注时尚。他坚持认为，正是由于妇女的社会和政治属性，她们才如此关注时尚。他写道 (1997: 196):

> 由于女性在历史进程中长期处于社会弱势地位，导致她们与一切"习俗"、一切"正确和适当的"、普遍有效和被认可的存在形式产生了密切关系。对于那些软弱无力的人，要避免个性化，她们避免依赖自身，而无视自身的责任和捍卫自己的必要性。处于弱势的人只能在典型的生活形式中获得保护。

西美尔解释说，因此，时尚意识已成为女性试图处理其从属地位以及社会和政治弱势的一种手段。无论妇女实际上是否是这样的群体，我们都可以说时尚对社会和经济中处于边缘地位或弱势的所有群体的生活起着重要作用，尽管在某些情况下，她们并非融入时尚，而是朝着相反的方向前进，用时尚唤起人们对自己的关注。

瓦尔特·本雅明和机械复制时代的艺术品

瓦尔特·本雅明（Walter Benjamin，1892—1940）他对大规模生产对物品的影响感兴趣。本雅明在一篇颇具影响力的论文《机械复制时代的艺术作品》（*The Work of Art in the Age of Mechanical Reproduction*）中讨论了他所描述的大规模生产物品中"光晕"的流失。文章开篇就讨论了艺术品的大规模生产（杰拉尔德·麦斯特和马歇尔·科恩，1974：613）：

> 原则上，艺术品一直是可复制的。人造物总是可以被人模仿。复制品产生于学生的技巧练习，大师对作品的推广，最后是第三方对收益的追求。然而，对

艺术品的机械复制代表了新的事物。

然后，他讨论了许多与复制有关的话题，包括平版印刷和摄影，并指出本真性取决于原作的存在，这是一件物品真实的前提。这引出了对本雅明所说的"光晕"的讨论。正如他所解释的：

> 一件事物的本真性是从事物产生就可以传播的一切的实质，包括它实质性的持续时间和它所经历的历史见证。由于历史的见证是基于本真性的，所以当实质性持续时间不再重要时，历史的见证也将受到复制的危害；当历史见证受到影响时，真正受到威胁的是物品的权威。
>
> 人们可能会将淘汰的元素归入"光晕"一词，并继续说：在机械复制时代，消亡的就是艺术品的光晕。这是一个有征兆的过程，其意义超出了艺术领域。可以这样概括地说：复制技术使复制物品脱离了传统领域（1974：616）。

本雅明认为，复制品或者名牌人造物的仿冒品（假货），与原作和传统的"光晕"是分离的。他认为，一旦本真性变得无关紧要，艺术就不再基于将程序重心放在有创意的艺术家及其创作过程上了。

该文大部分都与电影有关，这解释了为什么它重现于一本电影理论书中。但是本雅明关于"光晕"的概念稍作改动就可以适用于各种人造物，尤其是钟表、手袋、香水和衣服等名牌产品。从本雅明的角度来看，拥有杰森·伯格（Jason Berger）画作真品的人正在购买的东西之一就是他的"光晕"和精神，这是卖点。

人们购买名牌的产品时，实际上是在购买"光晕"，即产品或品牌的创立者所拥有的好名声。这些人造物创立者的名称可以通过太阳镜、手表、手提包、牛仔裤、手机和钢笔等制品上的缩写或标志来识别。这里还存在一个巨大的仿冒行业，这些仿冒品借用了名牌产品的标志，但缺少这些人造物的真品的"光晕"。对于使用这些仿制品的人来说，他们使用仿制品这个事实并不重要。

本真性与后现代思想

缺乏对本真性的关注的原因之一是该概念在后现代时代基本上是无关紧要的。"后现代主义"是一个极为复杂的概念，但它具有许多核心问题，例如，认为我们过去所相信的支配一切的形而上学系统不再重要。正如法国学者让－弗朗索瓦·利奥塔（Jean-François Lyotard）所言，后现代主义的特征是"对元叙事的怀疑"，即我们曾经用来安排生活的宏大哲学体系。后现代主义也消除了精英文化与大众文化之间以及艺术原创作品与复制品或仿制品之间的界限。因此，在后现代思想中，本真性并不重要。

后现代主义者认为当代美国文化是后现代的。他们认为，在 1960 年左右，美国发生了巨大的文化转变，从重视宏大的元叙事和本真性的现代主义思想，转变为混合了各种风格并以模仿作为文化主导的后现代思想。因此，在后现代社会中，仿冒品是完全可以被接受的，甚至是被渴望的，因为它们比名牌真品便宜得多。

约翰·伯格谈广告与物质文化

约翰·伯格针对一系列英国广播公司的电视节目撰写了一本书，名为《观看之道》（*Ways of Seeing*，1978），内容涉及绘画和其他精英艺术，但也有一章涉及广告，或他所谓的"宣传"。他解释道：

> 宣传不是相互竞争的信息的集合：它本身就是一种语言，总是被用来提出相同的一般性建议。在宣传中，人们可以在这款霜剂与那款霜剂，这款车与那款车之间进行选择，但作为一个系统的宣传只提出一个建议。
>
> 它向我们每个人建议，我们通过购买更多东西来改变我们自己或我们的生活。它建议，更多的购买将使我们在某种程度上变得更富裕，即使我们花了钱会变得更穷……宣传之所以精准奏效，正是因为它以现实为基础。衣服、食物、汽车、化妆品、浴室、阳光都是本身令人享受的真实事物。宣传始于对愉悦的自然需求……宣传从来不是对愉悦本身的庆祝。宣传始终是着眼未来的买家。它为买家提供了一个形象，这个形象因宣传试图出售的产品或机会而变得

迷人。然后这一形象使他羡慕自己可能的样子。但是，什么使这个可能的自己令人羡慕呢？是他人的羡慕。宣传着眼的是社会关系而不是物品（1978：131-132）。

伯格所说的宣传着眼的是社会关系，这有点误导性。我认为他说的是，我们购买的物品在我们的社会关系中起着重要作用，而广告是使我们购买的物品对我们具有重要意义的推动力。

结论

社会学家韦伯和西美尔认识到物质商品对人的重要性在于给人们一种价值感和美好感。韦伯对物质文化进行了更广泛的讨论。西美尔专注

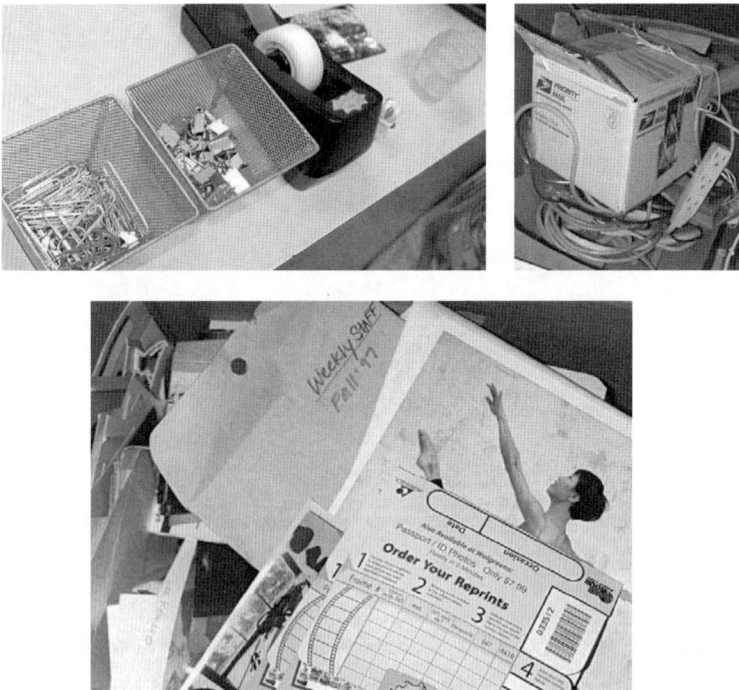

于时尚，并解释说这是一种基于差异化的社会力量，且将女性对时尚的关注与她们的社会屈从联系在一起。

鲍德里亚在其著作《物体系》中对各种物质文化进行了符号学分析，并指出了广告在消费者文化中的重要作用。另一位德国思想家瓦尔特·本雅明提醒我们注意他所说的将原创艺术品与仿制艺术品区分开来的"光晕"。这种对原创性和"光晕"的关注引发了本真性和后现代文化观的问题，后者认为本真性在当代社会中是无关紧要的，因为原创与模仿和精英与流行文化之间的区别是虚假的。

过去的所有理论都隐含地依赖于关于人性的某些概念：为什么人类以这样的方式行事？人类的行为如何与社会和自然的行为环境相关？以文化史的观点来看，人类主要是为了复制其独特的文化传统。以功能主义的观点来看，人类的行为是响应环境条件，以最大化他们的生存机会……物质文化研究表明：与身体一样，物质是我们创造自我和了解他人的媒介，因此是社会再生产的必然要素。人造物是社会关系和心态的关键。事实上，考古理论家们对于事物是否可以像人一样被视为行动主体产生了广泛的讨论。在物质事物与能动性相关的多种方式中，我们可能特别注意到技术作为一种社会知识和具体行动的系统，利用日常事物传达微妙的政治含义（如国家的权威），利用物质事物的上下文重新定义或质疑继承意义，以及考古记录在多大程度上可能是有意创造的问题。

约翰·罗伯（John Robb），引自科林·伦弗鲁（Colin Renfrew）
和保罗·巴恩（Paul Bahn）主编，《考古学：关键概念》
（*Archaeology: The Key Concepts*，2005）

第六章

文化理论与物质文化

人类学，正如其希腊语词根所暗示的那样，是对人（man）的研究，或者正如我们现在所说的，是对人类（human-beings）的研究，因此我们可以将女性包括在定义中。从字面上看，它指的是关于人或人类的词语。它通常被定义为对人类的身体、社会和文化发展的科学研究。人类学有不同的分支，例如，文化（或社会）人类学是分析社会生活以及文化与人格之间的关系，而语言人类学则侧重语言分析。考古学是人类学的一个分支，它通过使用古代文物和其他材料来研究过去（通常是很遥远的过去）。

本书中对物质文化进行的人类学研究与考古学相似，不同之处在于我们将重点放在大多数人都熟悉的更现代的时代、物品和人造物上，并且采用多学科的方法来研究该主题。人类学理论的中心概念是文化，多年来社会科学家以多种方式定义了这个术语。文化的重要性在本章的卷首语中进行了阐述。

文化

我在本书开头部分对文化进行了定义，提出许多文化价值和信念都融入或反映在物质文化中。这解释了为什么我们可以从生活中举足轻重的人造物和物品中了解到很多东西。但是，问题是如何解释这些人造物的含义？正如斯图尔特·霍尔（Stuart Hall）在他的著作《表征：文化表征与意指实践》（*Representation: Cultural Representations and Signifying Practices*, 1997：2-3）中所解释的：

> 在社会科学和人文科学中，特别是在文化研究和文化社会学中，所谓的"文化转向"趋向于强调意义对文化定义的重要性。有人认为，文化与其说是如小说、绘画、电视节目和漫画之类的一整套事物，不如说是一个过程、一套实践。首先，文化与社会或团体成员之间的意义的产生和交流有关。强调文化实践很重要，是文化参与者赋予人、物品和事件以意义。事物"本身"很少具有单一、固定和不变的意义……正是通过我们对事物的使用，以及对事物的所说、所想、所感（我们如何表示它们），才赋予它们意义。

霍尔研究了一些重要问题。他强调，文化在社会科学和人文科学中具有举足轻重的地位，并指出，重要的是我们关注人们赋予物体的意义，意义是多样的，可以随时间而变化，应该由许多不同学科去研究。

克洛泰尔·拉帕耶论文化密码

人类学家和市场研究员克洛泰尔·拉帕耶（Clotaire Rapaille）在 2006 年出版了名为《文化密码：理解世界各地人们生活和购物方式的巧妙方法》（*The Culture Code: An Ingenious Way to Understand Why People Around the World Live and Buy As They Do*）的畅销书。他的基本观点是，文化可以看作我们在成长过程中所学的一系列代码，它塑造我们在许多不同领域的行为。他写道：幼儿长到 7 岁，养育他们的文化或亚文化在他们最重要的信念和态度上留下印记。他将经验和随之产生的情感合称为"印记"，并解释说，一旦孩子接受了印记，它就会在潜意识的层面影响他们对食物、人造物、汽车以及他们购买或拥有的所有其他事物的态度。他对此解释道：

> 所有不同印记的所有不同代码组合在一起，便形成了一个参考系统，生活在这些文化中的人们在不知不觉中使用它。这些参考系统以极为不同的方式指导不同的文化（2006：10-11）。

印记及其代码就像一把密码锁及其密码组

合。如果按正确的顺序输入正确的数字，就可以打开锁。在各种各样的印记上这样做具有深远的意义。它回答了我们最基本的问题之一：为什么我们以自己的方式行事？更重要的是，这证实了我们一直以来都怀疑的事实——尽管我们具有相同的人性，但世界各地的人们确实有所不同。《文化密码：理解世界各地人们生活和购物方式的巧妙方法》一书提供了一种理解世界各地的人们如何不同的方法。

　　他的书中满是文化密码如何塑造人们行为的案例。一个有趣的例子涉及美国人和法国人对奶酪的态度的差异。对于法国人的密码来说，奶酪是活物，因此他们将其存储在带有孔的钟形物体中，孔可以透气并防止虫子进入；而在美国人的密码看来，奶酪是死物，因此他们将奶酪存储在"塑料袋（如'裹尸袋'）中，然后将静卧其中的奶酪密封包装，放在称为冰箱的'停尸间'里"（2006：25）。

　　拉帕耶认为，除了弗洛伊德个体潜意识和荣格集体潜意识外，还有第三种"文化"潜意识，这说明了为什么会有法国人的思想、美国人的思想、英国人的思想等，这些思想塑造了我们购物的方式以及我们对所购买物品的态度。书中他对酒精、食物和奢侈品提出了有趣而挑衅的看

法。文化密码的概念所揭示的是，每件人造物都反映出某些民族、文化或亚文化的态度和价值观，当幼儿在特定文化中成长时，这些态度和价值观已经烙印在他们身上。因此，在许多情况下，我们可以使用人造物作为识别这些密码的方法。文化密码为我们提供了另一种理解物质文化的方式。

在此讨论中，我们可以加上这样一个概念，即密码往往暗示食物或其他物品的"正确"组合的概念。以"经典的"美国牛排晚餐为例，美国食物密码建议将牛排烧烤或烤制，但切勿煮食。煮西冷牛排的想法让他们难以接受。高档的品位指南还认为，牛排应该吃生的，如果可以的话，吃三四成熟的，绝对不能吃全熟的。搭配牛排的蔬菜也是特定的：菠菜、烤土豆或炸薯条，切勿搭配煮土豆、甜菜或煮球芽甘蓝。牛排晚餐密码反映在美国各地餐馆的无数菜单中，并在美国年轻人学习将某些品位与牛排联系起来的成长过程中，留下深深的印记。

玛丽·道格拉斯和格/群理论

社会人类学家玛丽·道格拉斯（Mary Douglas）从另一个角度解释了人们为什么购买他们所做的东西或得到他们所有的东西，她在漫长而辉煌的职业生涯中发展起来了格/群理论。根据道格拉斯的说法，我们购买和拥有的物品和服务（如礼物、遗产等）都有其文化定义，最好被理解为与我们的生活方式息息相关。正如她在文章《为购物辩护》（*In Defence of Shopping*）中所解释的那样，有且只有四种相互对抗的生活方式。经常与道格拉斯合作的政治学家亚伦·维尔达夫斯基（Aaron Wildavsky）使用稍微不同的语言对这 4 种生活方式做出了描述，分别是：精英主义者（有时是等级制精英主义者）、个人主义者、平等主义者和宿命主义者，现代民主社会中的每个人都属于其中一种。在大多数社会中，个人主义者和精英主义者是占主导地位的群体，而平等主义者的存在则是对这两个群体的缺点进行批评，并试图使宿命主义者从他们的卑微地位中提升。

格/群理论家认为，我们拥有其中一种生活方式，它塑造了我们作为消费者的行为，因此，我们家里拥有的物品反映了我们所属的生活方式。每一种生活方式中的成员通常意识不到自己是其中的一员，但他们确实认识到，他们不同于"没有我们这种人的生活方式"的其他生活方式，并且与之对立。那么，正是我们所属的生活方式或群体塑造了我们的品位和风格的基础。

格/群理论认为，所有社会中的个人都必须决定自己是谁（他们属于哪个群体）以及应该做什么（遵循群体规则或忽略它们）。群体之间的界限可以很弱，也可以很强。群体的规定与规则可以很多，也可以很少。然后，我们发现有四种可能性，如表6-1所示。

表6-1　格/群理论认为的四种可能性

格　规则与规定	群　界限的强度	
	弱	强
多	宿命主义者	精英主义者 等级制精英主义者
少	个人主义者	平等主义者

表6-2中提供了理解这些关系的另一种方法。关键是，如果群成员身份和规则是两个维度，则只能拥有四种生活方式。在政治领域，维

尔达夫斯基称这些生活方式为"政治文化"。当我们投票时，我们会根据政治文化中隐藏的指令来做出决定。

表6-2 格/群理论认为的四种生活方式

界限	规定	生活方式
弱	多且有约束力	宿命主义者
弱	少	个人主义者
强	多且有约束力	等级制精英主义者
强	少	平等主义者

三位社会科学家：迈克尔·汤普森（Michael Thompson），理查德·埃利斯（Richard Ellis）和亚伦·维尔达夫斯基，在他们的合著《文化理论》（*Cultural Theory*）中解释了四种文化是如何产生的：

> 强大的群体边界加上最低限度的规定会产生平等的社会关系。当一个人的社会环境具有强大的群体边界和具有约束力的规定时，所形成的社会关系是等级性的（有时称为等级制精英主义者）。既不受群体约束也不受规定的角色约束的个人就存在于个人主义的社会环境中，在这样的环境中，所有边界都是临时性的，需要协商。那些发现自己受制于有约束力的规定并被排除在群体成员之外的人就是宿命主义生活方式的例证。宿命主义者是受外部控制的（1990：6-7）。

格/群理论使我们能够以新的视角和新的认识来理解我们所做的许多事情。

　　道格拉斯在上文已经提到的一篇重要的《为购物辩护》的文章中（该文收入了帕西·福克和科林·坎贝尔的《购物体验》一书），解释了关于格/群理论如何应用于购物的想法。她写道：

　　　　消费行为持续且普遍地受到文化对抗的启发……我们必须从根本上转变将消费视为个人选择的体现这一想法。文化本身是无数个人选择的结果，主要不是在商品之间做出选择，而是在各种关系之间做出选择。理性个体必须做出的基本选择是选择生活在哪种社会中。其余的选择根据这种选择而确定。人造物被选中来证明这一选择。包括吃饭、穿衣、读书、听音乐、度假在内，所有的选择都符合社会形式的最初选择。选择商品是因为它们不是中性的。之所以选择它们，是因为它们无法以被排斥的形态被社会接受，被接受的都是社会所喜欢的形态。对它们的选择之中隐含着对抗（1997：17-18）。

　　道格拉斯对此评论道，购物"不是努力定义某人是什么，而是定义不是什么"。这表明，正是我们所属的四种文化或生活方式的一种塑造了我们的消费偏好。因此，道格拉斯断言，我们购买的人造物和物品不是基于个性和品位的选择，而是基于我们在某种文化或生活方式中的成员身份，它们无声而隐秘地决定了我们的选择。

当然，道格拉斯可能并不正确，但是她的文章和格/群理论对每个认为人们根据自己的个性、品位和风格来购买商品的人构成了挑战。道格拉斯提出，这些问题在文化上已经确定，并且与人们所属的四种生活方式之一有关。她认为，我们购买的不是个人需求和欲望的表达，而是我们文化一致性的表达。

可以使用格/群理论来解释人们在媒介和物质文化中做出的不同的生活方式选择。我们所购买的每件人造物和物品，即我们所购买的大部分物品（不包括服务和某些非常昂贵的物品，如房屋），都可以置于四种生活方式之一。例如，如果我们以歌曲为主题，那么我们可以认为，等级制精英主义者会喜欢《天佑女王》（*God Save the Queen*），个人主义者会喜欢《我行我素》（*I Did It My Way*），平等主义者会喜欢《天下一家》（*We Are the World*），宿命主义者会喜欢《世事多变化》（*Que Sera, Sera*）。当我们使用格/群理论研究人造物和物品时，发现如下（表6–3）。

表6–3　格/群理论与人造物

物品	精英主义者	个人主义者	平等主义者	宿命主义者
书籍	《君主论》	《你是第一位的》	《我好，你好》	《伦敦巴黎沉浮记》
男性服装	军装	西装	蓝色牛仔裤	二手店服饰
游戏	国际象棋	大富翁	飞盘	俄罗斯转盘
杂志	《建筑文摘》	《财富》	《琼斯夫人》《国家》	《雇佣兵》

许多这些媒介和物品是按学生在课堂练习中的建议放置的，练习要求他们将物品和媒介文本放置在正确的位置。可以在四个位置中放置许多品牌的物品，其中一些放置可以辩论。当我和学生一起玩这个学习游戏时，他们对汽车、香水和其他人造物的品牌所拥有的产品知识令我感到震惊。不过，这在一个每年在广告上投入约 1500 亿美元的国家中也是意料之中的事。从这个角度来看，报纸和杂志可以看作是与教科书相似的东西，可以教给人们关于生活中至关重要的人造物的知识，例如，手机、MP3 播放器、牛仔裤等。

神话与物质文化

可以将神话定义为塑造文化价值和行为的神圣叙事。我们在拉斐尔·帕塔伊（Raphael Patai）的《神话与现代人》（*Myth and Modern Man*）一书中找到了关于神话的完美且详尽的定义。他用以下术语描述了神话：

> 神话……是一种传统的宗教宪章，通过确认法律、习俗、礼数、制度和信仰，或解释社会文化状况和自然现象，并采取被认为是真实的关于神灵和英雄的故事形式来起作用（1972：2）。

他补充说，神话在塑造社会生活中起着重要作用，并且"神话不仅验证或确认习俗、仪式、制度和信仰等，而且常常直接创造它们。"（1972：2）。马塞尔·达内西（Marcel Danesi）在符号学、媒体和大众文化方面著作甚丰，他提供了另一种关于神话的描述。他在其著作《理解媒介符号学》（*Understanding Media Semiotics*，2002：47-48）中写道：

"神话"一词源自希腊语"神话"（mythos），意为"话语""语言""神灵的故事"。人们可以将其定义为一种叙事，其中的人物是神、英雄和神秘的存在，故事情节是关于万物的起源或人类生命中的超自然事件，故事背景是与真实世界并列的超自然世界。在人类文化的起步阶段，神话充当了这个世界的真正"叙事理论"。这就是为什么所有文化都创造了神话来解释其起源的原因……在媒介表述中神话主题和元素的使用变得如此普遍，以至于人们几乎不再注意到它……有关为善而战和需要英雄带领我们前进等诸如此类的隐式神话，构成了电视节目、电影大片、广告和商业广告以及几乎任何有获得"媒体播放时间"的内容的叙事基础。

神话不但充斥着我们的媒体和大众文化，而且使我们特别感兴趣的事实是，我们总能在对生活至关重要的产品的广告中看到它们的身影。

　　我认为可以在我们使用的各种人造物背后找到许多神话，尽管这些人造物的神话渊源对我们而言可能并不明显。我从事神话工作的动力来自米尔恰·伊利亚德（Mircea Eliade），他在《神圣与世俗》（*The Sacred and the Profane*）一书中写道，当代社会人们所做的许多事情实际上都是古代神话和传说的伪装或现代化版本。正如他解释的那样：

> 　　感觉并声称自己无宗教信仰的现代人仍然保留着大量伪装的神话和蜕变的仪式……关于现代人的神话，他喜欢的戏剧和他所读的书中伪装的神话可以写一整本书。电影院是个"梦工厂"，它接管并运用了无数的神话主题——英雄与怪物之间的斗争、鸿蒙初开时的战斗与磨难、典型人物（少女、英雄、天堂般的景观、地狱等）（1961：204-205）。

　　我要补充一点，伊利亚德将神话定义为对神圣历史的叙述："始于鸿蒙初开的原始事件"（1961：95）。

　　在这里，让我提供一些与当代物质文化有关的神话并将其应用于物质文化。基于伊利亚德关于渗透到我们的文化中无法识别的神话的观点，以及帕塔伊认为神话有助于塑造文化的观点，我认为存在着一些伪装而无法识别的神话，这些神话会影响我们的许多行为，并且隐藏在我们所购买的许多事物背后。言下之意，当我们购买人造物时，我们的行为与古老的神话有关，因此，即使我们可能意识不到这种情况，但我们通过想获得和购买的这些物品，也可以神话般地生活。这同样适用于我们被给予的许多物品（表6-4）。

表 6-4　神话与物质文化

神话	物质文化
墨丘利 / 赫尔墨斯	跑鞋
潘神	音频、在线音乐流媒体
巴克斯 / 狄俄尼索斯	红酒
美杜莎	洗发香波
丘比特	香水
阿里阿德涅	支持 GPS 功能的设备

　　墨丘利是足蹬双翼鞋的神，他飞翔的速度就像思想一样敏捷。你能看到他与人们购买的昂贵跑鞋之间的关联性，人们相信这鞋将使他们跑得更快；潘神是一位伟大的音乐家，他的笛声让人陶醉。一部可以播放音频或流媒体音乐的智能手机可被视为手机主人的便携式潘神，播放他喜欢的音乐；酒神巴克斯又名狄俄尼索斯，他给追随者带来狂喜享乐或残酷折磨（这是那些喝了太多红酒或其他烈酒的人所熟悉的结果）；美杜莎是一位女神，她用头发杀死所有凝视她的人。我们可以就此稍作修改，认为在使用洗发水和其他护发产品后，对注视女性的男性产生巨大影响（"击倒"他们）。我将这种认为女性的头发是对他人产生极大吸引力的手段的观点称为"美杜莎情结"；丘比特是爱神，他使中了爱神之箭的人坠入爱河。他的爱神之箭起效的方式与香水的起效的方式相同，擦香水的女人或男人（现在男人也喷着这么多的香水）对闻到香水的人产生吸引力。

　　阿里阿德涅是位公主，她是克里特岛米诺斯国王的女儿。她给了忒修斯一个线球（忒修斯要进入克里特岛的迷宫杀死牛头怪），忒修斯将线头一端系在迷宫入口，剩下的线球随着他在迷宫中走动不断解开。牛头怪是一只半牛半人的怪物，被囚禁在迷宫中。忒修斯杀死了牛头怪，由于他身上揣着线球，他跟着线的指引找到了迷宫出口。忒修斯从迷宫中逃出后，与阿里阿德涅一起私奔了，但因为忒修斯迷上了另一个女人而将阿里阿德涅遗弃在纳克索斯岛。她随后与狄俄尼索斯相爱了。我们可以认为 GPS 设备和支持 GPS 的智能手机在功能上类似于阿里阿德涅的"线球"，而城市在各种方面都类似于迷宫。

神话模型与物质文化

正如我刚才所论述的，我们购买的许多物品都可以与某些神话联系在一起。但是这些物品也可以被视为与我所描述的"神话模型"有关，这些模型塑造了我们的许多行为。我认为在精神分析理论、各种历史事件、精英文化和大众文化，以及日常生活中都可以发现神话的存在。我们在日常生活中所做的许多事情（如购买某些物品）都与古老的神话有关，尽管我们并没有意识到这种关联。下面我用一个例子来说明神话模式或神话对我们购买物品这一行为的影响。

神话：带给人类火种的普罗米修斯

精神分析理论：纵火狂

历史事件：森林大火

精英文化：拜伦诗歌中的普罗米修斯

大众文化：人类的火炬

日常生活：买个打火机

我们并不了解我们的行为与古代神话之间的关系，但神话模型向我们展示了（至少在所提供的示例中），我们所做的许多事情最终都是基于伊利亚德所描述的伪装神话。

马克·戈特迪纳谈文化研究

社会学家马克·戈特迪纳（Mark Gottdiener）在他的《后现代符号学：物质文化与后现代生活的形式》（*Postmodern Semiotics: Material Culture and the Forms of Postmodern Life*）一书中有一部分专门探讨了"文化研究"：

大众文化的分析涉及以下三个方面的关系：①工业过程生产的文化物品；②一组以较大规模生产和分配这些物品的机构；③在可以包容创造性或象征性多义环境中使用这些物品的集体或社会群体。大众文化的"物品"可以包括从感性产品（电视节目）到高

度主观体验（迪士尼乐园）的所有内容。人们在生产和分配这些
物品的方式中发现了大众文化形式的显著特征，即由大众营销行
业提供的，从它们的使用性质来看（主要虽然不完全）是为了娱
乐。最后，大众文化生产的内容涉及社会中的人、事件以及物品
本身（1995：165-166）。

戈特迪纳比我在本书中更广泛地使用"物品"一词，但是他对大众
营销重要性的强调再次提醒我们注意广告在我们思考和使用物品的方式
中所扮演的角色。据我了解，文化研究的观点是使用符号学、精神分析
理论、马克思主义理论、社会学理论以及任何其他可用的理论来帮助我
们理解物品的文化意义。

结论

人类学对人造物的观点集中在文化在人造物创造和使用中所扮演的
角色。根据拉帕耶的说法，在不同的国家和许多亚文化中都发现了文化
密码，这些文化密码塑造了我们对许多事物的态度。这里以奶酪为例，
但也适用于许多其他人造物。社会人类学家玛丽·道格拉斯认为，在现
代国家中，有四种相互对抗的生活方式影响着我们的行为和消费方式，
因此，我们购买的人造物并不是由我们的个性和品位决定的。最后，我
认为在我们的许多行为中都可以找到伪装的神话及其现代化的版本，并
且可以将其与我们使用的许多人造物联系起来。

我们还必须谨记，一个物品在不同的文化中具有不同的含义和价
值，"形象"的意义取决于其被发现的"背景"。例如，一条原版的李

维斯牛仔裤可能会暗示着"牛仔"身份，也可能暗示精英身份。同理可知，一辆凯迪拉克"老爷车"在富裕的郊区和城市的萧条区，其意味也大不相同。

物品可以通过其物理形式和装饰性充当在特定时刻概括某种特定文化信念的符号。这种符号通常通过物品的持续存在而得以保留，并为子孙后代提供参考。因此，应将物品视为复写本，随着时间的流逝具有一系列不断演变的含义……在霍德（Hodder）的主张中列举了对一系列包含信息的物体的鉴赏……可以将物品视为具有三种形式的身份：

● 在使用中，发挥功能并对世界产生影响。

● 物品的象征意义，即其在文化密码中的作用。因此，每个物品都呼应并强化文化密码的含义。

● 体现和象征过去的经验：通过它的外观将过去的想法和信息带入现在。

克里斯·卡普尔（Chris Caple），《物品：过去不情愿的见证者》
（ Objects: Reluctant Witnesses to the Past ）

第七章

考古学理论与物质文化

考古学在《兰登书屋英语词典》（*The Random House Dictionary of the English Language*）中被定义为"对历史和史前民族及其文化的科学研究，分析他们的文物、碑文、纪念碑和其他遗物，特别是那些已经发掘的遗物。"在大众媒体上，有许多电视节目显示考古学家参与挖掘工作，寻找可以帮助他们深入了解人们早期生活方式的物品，《印第安纳·琼斯》（*Indiana Jones*）系列电影则表明考古学家可以过着相当精彩的生活，尽管它们并没有积极反映当代考古工作。

我们都着迷于古代文明的建筑、人造物以及当时人们的日常生活、仪式和信仰。正如本章卷首语中，伊恩·霍德（Ian Hodder）理论暗示的那样，我们可以找到许多方法来解释发现的人造物的功能和象征意义。

考古学家所面临的问题与研究物质文化的学者有所不同。因为他们处理的是过去的物品，所以无法直接证实他们对物品对其所在的文化有何意义而做出的猜测。所有可能提供信息的人都死了。因此，考古学对物质文化的研究采用了推论的方法，花费了更多的时间研究物品的生产、分配和使用，并使用各种方法来假设其含义。

考古学理论对如何思考古代物品提供了不同的观点。克莱夫·格兰博（Clive Gamble）在其著作《考古学：关键概念》（*Archaeology: The Key Concepts*）中写道，考古学理论有三大主旨或范式：文化历史范式、人类学（或过程）范式以及后现代的（或后过程）范式。

文化史与人类学考古学方法

格兰博如此描述考古学的文化史方法：

在世界范围内，文化史解释了大多数考古学家认为他们正在做的事情……它的从业者强调数据、事实和分类的重要性。与这种对事实的强调相关联的是这样一种观念，即归纳方法最适合考古调查。对于文化史学家来说，按时间顺序和地理顺序对事物进行正确排序是最重要的目标（2005：22-23）。

我们运用文化史方法，获得了在考古实践中广泛使用的"新石器时代"和"制篮人"之类的术语。考古学的文化史方法已经在世界许多地方建立起令人印象深刻的考古序列和相关文物的知识体系，特别是在放射性碳年代测定方法发展之后，我们知道古代文化生存的地点和时间，即使我们不知道他们如何称呼自己，以及他们的主要文化要素是什么。文化史方法存在的问题是，它主要对文化及其物质进行描述，只能以我们在现代世界观察到的方式来说明古代文化的稳定性或变化。文化史方法是在欧洲殖民主义时代发展起来的方法，经常利用现代国家的殖民经验来解释古代生活。

过程论

文化史方法的不足之处导致许多考古学家朝着不同的方向发展，并导致了 20 世纪 60 年代所谓的"过程考古学"的发展。人们普遍认为，这一运动始于 1962 年刘易斯·本福德（Lewis Binford）发表的开创性论文，题为《考古学作为人类学》（*Archaeology as Anthropology*）。格兰博如此描述了考古学的这一新方向：

> 这篇简短的论文关注的是过程，即构成一个社会的各种文化体系如何融合在一起并发挥作用。它通过识别行为的三个领域（环境、社会和意识形态）来处理此类系统中的适应和变化问题，这三个领域可以从人造物及其被发现的环境中推断出来。它强调了量化和预测的重要性，以使考古学成为一种科学方法。最重要的是，它从常识和传统背后的藏身之处挖出了解释。它的主要目标就是解释、做出假设并挑战它们（2005：25-26）。

我们可以看到，这种方法与文化史方法大相径庭，因为它试图模仿自然科学或硬科学。该方法的重点是解释适应和变异是如何发生的，为什么某些文化不会改变，它希望避免使用文化概念的循环论证来解释文化如何改变。

杰里米·萨布洛夫（Jeremy Sabloff）在科林·伦弗鲁（Colin Renfrew）和保罗·巴恩（Paul Bahn）编辑的《考古学：关键概念》（*Archaeology: The Key Concepts*）一书中提供了关于过程考古学家工作过程的更多详细信息。萨布洛夫对本福德的过程考古学工作过程进行了如下解释：

> 第一，过程考古学家强调文化应该被视为一个系统，其技术、经济、社会、政治和意识形态方面都紧密地交织在一起。第二，他们注意到文化生态学的重要性，以及有必要系统地看待环境与文化之间的相互作用……第三，他们认为考古学家应该研究这些文化

系统随时间的演变……更具体地说，过程考古学家强调了制订明确的研究策略设计以推进对文化过程的考古理解的重要性（2005：214-215）。

该理论暗示了这样一种观念，即考古学研究可以帮助学者们了解文化的演变以及产生物质记录的各种行为——考古学家用人造物和物品来更好地理解创造它们的文化。因为它涉及跨时空的人类行为的一般模式，所以该理论还表明，考古学有助于我们处理当代社会问题。

许多考古学家对过程论的说法不满意。过程论在将更多自然科学元素添加到考古实践中时，着重于中观理论，该理论提出了关于一些小问题的假设（例如，某个地区的人们如何收集食物或购买用于制作工具的材料），但忽略了人类如何达到目前状态这一重大问题。这也使考古学家成为一位有距离而客观的、穿着白色工作服、仿佛通过显微镜观察世界历史文化的科学家。从 20 世纪 80 年代开始，新一代的考古学家发展了一种被称为"后过程论"的反理论，现在我们就转而讨论它。

后过程论

后过程论的主要支持者之一，斯坦福大学考古学教授伊恩·霍德也在《考古学：关键概念》一书中写道：

人们常常用"阐释考古学"这一术语来定义这种更积极的方法……对阐释的强调（而不是对阐释的过程性强调）是指具有不同社会利益的不同人将以不同的方式建构过去。因此，科学过程中的不确定性和歧义不能简单地通过诉诸客观数据来解决，因为人们所认为的客观数据也有所不同。更确切地说，阐释涉及数据和理论之间的来回转换，越来越多的信息被整合到一起，形成一个连贯的论点，这个整合过程最好被描述为"诠释学的"。它允许某些解释优于其他解释，并确定"最佳匹配"（2005：209）。

后过程考古学家强调考古学作为一门科学的局限性，展示了我们对过去了解的局限性，并强调根据观察者的视角对同一物品可能进行多种解释。

在霍德看来，考古学家目前使用这三种理论（文化史论、过程论和后过程论）来回答不同的问题。过程考古学家和后过程考古学家之间的旧战役已被抛弃，考古学家现在使用来自多种学科和理论（例如，马克思主义、精神分析理论、女性主义和后现代主义）的社会理论，只要它们对考古学家收集的数据以及他们有兴趣解决的问题有用。

考古学对物质文化理论的贡献

由于在了解物品对远古人类的意义方面的局限性，考古学创造了一些对所有研究物质文化的人都具有价值的理论思想。

语境

物品并非存在真空中。放置在一个城市博物馆的玻璃展示盒中的希腊古瓮只能告诉我们有关其主人对它的看法，它已被抽离其原始语境。它最初是由一位工匠为了让一个富有的希腊商人将其摆在一个精美的架子上以炫耀其主人的财富而制作的吗？它是每天在晚餐时来盛酒的功能性用具吗？或者它作为献给神的祭品，小心翼翼地埋在坟墓中，以祈求神关爱逝者呢？物质文化分析员在不知道其在原始语境中有何作用的情况下，无所适从。对于考古学家而言，语境至关重要，因为语境使我们对曾经拥有该物品的人如何使用该物品有所了解。在考古学中，理解这种语境的最佳方法是把每一件物品放在仔细发掘的其他物品的背景中进行分析。但是，研究一起发现的物体之间的关系也可以帮助那些研究现代物质文化的人。

操作链

　　考古学家尝试了解人造物的另一种方法是尝试追踪其制造过程。在当代文化中，当我们试图解释一件物品时，很可能会接受它的最终形式。随着人们关注全球商品链的组成部分，这种情况正在发生变化（请参阅第十三章）。但是考古学家一直有这种考虑。法国考古学家安德烈·勒鲁古·古尔汉（Andre Leroi-Gourhan）在他 1964 年的著作《手势和语言》（*Le Geste et la Parole*）一书中提出了"操作链"（chaîne opératoire）的概念，或称为"操作序列"，指尝试重建人造物的制造和使用方式，以及尝试了解技术活动在较早的人类社会中所处的位置。

　　勒鲁古·古尔汉在《手势与语言》一书中写道（1964：1640）："这些技术涉及手势和工具，它们由真正的语法组成链条，同时赋予操作序列以固定性和灵活性。"他的意思是说，使用他的方法，人们应该研究创建人造物所需的技术与技术在社会中所扮演的角色之间的关系，所有人造物都涉及那些制造它们的人做出的决策。

　　正如内森·史兰格（Nathan Schlanger）在《考古学：关键概念》

（*Archaeology: The Key Concepts*）一书的"操作链"一章中所写：

> 　　总而言之，操作链远不止是一种重建过去技术的方法，它可以
> 将目前修复的静态遗迹转化为过去的动态过程，从而开启一系列鼓
> 舞人心的考古问题。运用操作链，可能会认识到，除了工具、原材
> 料、能源以及各种物理和环境可能性以外，技术系统还包括在行动
> 过程中产生的由诸如知识、技能、价值和象征性表现等要素以及与
> 日常生活的生产和再生产有关的社会框架（包括性别、年龄或种族
> 差异）（2005：29）。

勒鲁古·古尔汉的方法认识到技术是一种社会活动，因此考古学必
须考虑社会和文化根源以及产生人造物的整个行动网络。虽然操作链
解释了工具的制造和使用环境，但这并不意味着工具的"生活史"的
结束。

行为考古学或转型考古学

在《考古学：关键概念》一书的"考古材料的形成过程"一章中，文森特·拉莫塔（Vincent M. Lamotta）和迈克尔·B. 席弗（Michael B. Schiffer）为我们提供了行为考古学的概述，他们写道：

> 考古学家通过研究幸存下来的碎片来了解过去的人类社会。但是，这些遗物并没有原封不动地交到我们手上。实际上，考古学家研究的几乎所有"物品"（手工艺品、动植物遗骸和建筑空间）都已通过考古材料的形成过程（也称为遗址形成过程）发生了重大变化。考古材料的形成过程是指从物品首次被制造或使用到其残骸被修复和研究为止，对物品进行的所有行为、机械和化学改动的过程（2005）。

这点很重要，因为它使我们注意到一个事实：考古学家发现和研究的人造物多数时间在其原初制造、使用和丢弃后，已经通过自然或文化过程进行了相当大的改动。

席弗认为，考古学应该处理人类行为与物质文化之间在任何时期和任何地方存在的关系。甘博的《考古学：关键概念》描述了席弗的方法，如下所示：

> 曾经师从宾福德（BinFord）的迈克尔·席弗发展了一种偏向研究人类行为的方法——特别是制造、使用和丢弃人造物的行为。席弗……对阐明法律在考古研究中的多重作用感兴趣。对于席弗来说，它不是类似于研究考古记录如何形成的中观理论，而是对考古记录形成方式的研究。这些形成过程有两种类型：自然的和文化

的。随着受影响的物品及其关联从过去的系统环境迁移到当前的考古环境中，发生了可预测的"自然形成的"和"文化形成的"转变，它们变为废弃物（2005：70）。

对于席弗而言，这意味着考古学不只局限于研究古代社会，还是对物体从被丢弃的一刻直到现在如何随着时间的变化感兴趣。几百年后，一块古希腊瓮的碎片是否可以被街上的某个顽童用作汤匙？它在一个下雨的冬天被冲到下游了吗？它是用来填塞墙上的一个破洞，还是用来为后来的希腊东正教会教堂建地基呢？

这些原理也可以用于理解现代物品。追溯一件器物从诞生到其数易其主，再到其使用方式和改造变迁的历史，既能揭示器物本身的演变轨迹，也能让我们深入了解与之相关的人群。

即使是垃圾，也可以帮助我们了解过去的文化并获得对当代文化的重要见解。例如，亚利桑那大学的威廉·拉杰（William Rathje）在20世纪70年代和80年代进行了"垃圾项目"，挖掘了现代垃圾填埋场，以发现我们吃什么、扔什么，以及如何将固体废物减至最少。他在垃圾桶里的发现帮助他得出了研究结论：人们在饮酒量的调查中撒谎。

认知考古学

即使考古学对过去物品的理解有局限性，最近人们仍在努力理解史前人们的思想。科林·伦弗鲁认为，认知考古学通过研究从那个时代幸存下来的物质文化来推断人们在更早时期的思维方式。这并不是试图理解这些物品对其制造者的意义，而是如他所写的，"显而易见的需求是要发展出一种可靠的方法，通过这种方法，我们有望了解我们正在研究的古代社会的思想，以及这些思想影响人们行动的方式"（2005：41）。

科林·伦弗鲁和埃兹拉·B·W·祖布鲁（Ezra B.W.）在他们编辑的《古老的心灵：认知考古学要素》（*The Ancient Mind: Elements of Cognitive Archaeology*）一书中写道：

> 认知考古学（根据物质遗迹推断过去的思维方式的研究）仍然给从业者带来了许多挑战，以至于就算看似不是新奇的，至少也是不确定的努力。情况如此也许很奇怪，毕竟几代考古学家已经相当自由地撰写了有关远古民族的思想和信仰，有关早期文明的宗教以及有关史前社会的艺术的文章。然而，随着20世纪60年代和70年代的新考古学的出现，人们敏锐地意识到，在某些方面，早前的工作还没有充分的依据，或者至少是关于过去的符号系统的陈述所依据的推理的框架几乎不明确，而且经常有缺陷（1994：3）。

在伦弗鲁看来，认知考古学家对人类使用符号的方式以及人们使用符号和彼此交流所需要的社会关系感兴趣。现代物质文化的研究者

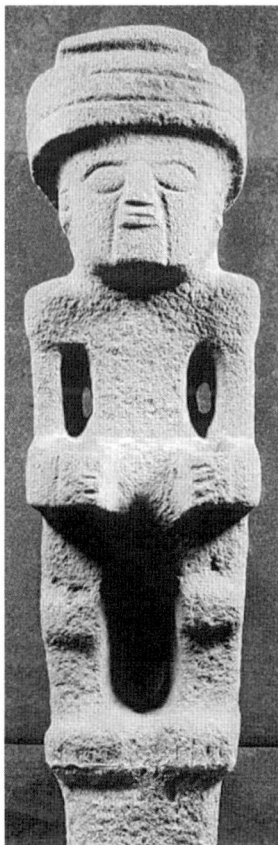

可以使用这种方法和其他推论方法更好地了解如何分析当代物品。

结论

　　我们必须认识到，每门学科都有相互矛盾的理论，每种理论各有优缺点。这就解释了为什么考古学家与其他许多领域的学者一样，对持有哪些理论以及如何应用这些理论没有达成共识。我们认同的理论很重要，因为它们塑造了我们进行研究的方式。理论就像我们戴的护目镜，这些护目镜决定了我们可以看到什么和无法看到什么。

　　不同类型的考古学家（对于经济学家、社会学家、人类学家、哲学家等，亦是如此）戴着不同的护目镜，因此他们的注意力集中在不同的事物上。护目镜的样式会发生变化，就像一种流行理论被一种有望以更好的方式帮助我们理解事物的新理论所抛弃一样。但是，对于考古学家来说，他们没有与活着的人交谈以进行研究的选择。这些理论源自对物品细节及其所处的背景、制作工艺、使用方式、流通范围及至使用后形态变迁的系统性考察。因此对于希望研究物质文化的人们来说，它们很重要。

第二部分

应用

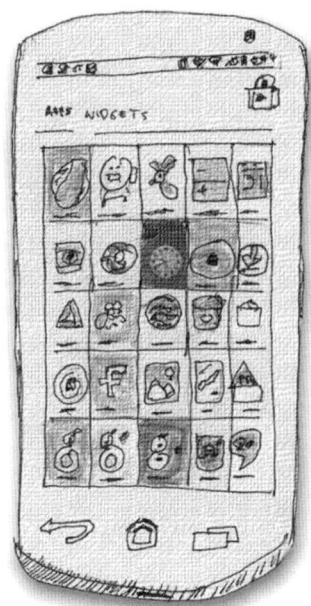

第八章

交换
库拉交换的物品

1914—1918 年，波兰人类学家布罗尼斯拉夫·马林诺夫斯基（Bronislaw Malinowski）（1884—1942）参与了对新几内亚和美拉尼西亚北部的研究考察。他学习了当地岛民的语言，所以相处的时候，能用当地人的母语来交谈，也能非常近距离地观察他们的行为。

马林诺夫斯基谈库拉交换

马林诺夫斯基著有一本《西太平洋上的航海者》（*Argonauts of the Western Pacific*），这是人类学调查的经典著作。在这本书中，作者讨论了一种非凡的名为"库拉"（Kula）的交换仪式，该仪式的设计精妙复杂，在分散的岛

索拉哇项链

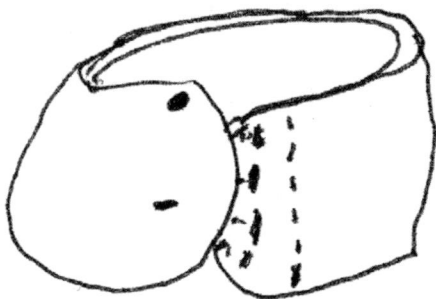

木瓦丽手镯

屿之间，两件物品反向传播，其中一件为红色贝壳串出的长项链，名为
"索拉哇"（ Soulava ）；另一件为白色贝壳制成的手镯，名为"木瓦丽"
（ Mwali ）。

　　马林诺夫斯基对此的解释是，每当物品两两相遇时，它们必然根据
交换规则和习俗进行相互交换，然后，物品都继续朝着正确的方向流
传。交换基于详细的文化准则，而这些文化准则又反过来塑造了参与者
的行为。这些物品并不参与以物易物的交易，而是作为礼物赠送他人，
于是，另一种物品就会作为回赠出现。在交换这些物品时，参与者会提
供它们多年来的详细归属权的历史。物品每次移动，都会受制于众多规
则和惯例，并且还通常受制于巫术仪式和公共礼仪。关于库拉交换，最
重要的一点是，物品、想法、人和人际联系都随着项链和手镯一起流
动，而库拉交换的正式模式为多种物品及其信息、连同其他事项在岛屿
间转移创造了机会。

　　该交换仪式将岛民带入极其复杂的关系网之中。马林诺夫斯基报道
说，仪式性交流是库拉交换的主要目标，但它也包含一些次要目标：巫
术仪式和公共礼仪。如果将所有细节放到一起，你会发现，库拉是极其
复杂的习俗，而参与者完全没有意识到这一点。参与者接触到贝壳或项

链时，他们知道自己扮演了什么样的角色，但是他们完全没有意识到库拉交换作为社会习俗的一面。行动对人们自己来说很重要，但他们只是管中窥豹，并没有意识到它的整体性。

因此，马林诺夫斯基建议，民族志学者不应将他们研究对象的各种看似无关紧要或似乎没有任何结果的活动视为微不足道的，相反，他们应当寻找人们行为背后的有影响力的规则，并试着将单独的事件拼合起来，了解全局。特罗布里恩的（Trobriand）岛民们处在一个无法理解其全貌和意义所在的庞大习俗中，这件事带给学者们的深刻领悟是：人们不一定了解自己所做事情和所拥有物品的重要意义。

马林诺夫斯基指出，库拉交换与神话、法律和庆典有关，项链和手镯交换的各环节都涉及复杂的规则，这些物品没有实际用途，但象征价值极大，库拉交换环节里的人成了终生伙伴，彼此紧密相连。尽管如此，他们并未完全理解库拉交换的意义，原因之一是这超出了他们的能力范围。我们也许想知道，我们的某些活动是否与库拉交换类似，构成了超越我们本身的生活习俗的一部分，但我们没有认识到它们的性质——它们隐蔽和潜在的功能。很多时候，来自其他国家或文化的观察者会注意到我们行为中自己意识不到的一些东西，因为我们习以为常，无法认识到这些行为的重要性。

马林诺夫斯基讨论了现代社会中类似库拉交换的行为，例如，他在该研究结束六年后访问了爱丁堡城堡，有机会看到了皇冠上的珠宝。他写道：

> 看守人讲述了许多故事：这样那样的女王如何在各种场合佩戴它们；有一些珠宝如何被带到伦敦，使得整个苏格兰民族愤慨不

已；它们又是如何回到英格兰；以及现在每个人都如何的高兴，因
为珠宝在安保的保护下安全了。我看着这些珠宝，觉得它们又难
看、又毫无用处和价值，甚至十分俗气。我当时有种感觉，最近有
人告诉过我类似的事情，我也见过许多其他类似的东西，给我留下
了类似的深刻印象（1922/1961：88）。

然后，我眼前显现出一个珊瑚土壤上的原生村庄，还有一个小
小的、临时搭建在露兜树茅草下的、摇摇晃晃的平台，平台旁边围
着一些棕色皮肤的男人，他们一丝不挂，其中一个人向我展示了细
长的红绳子和白色的大件破旧物，它们看上去很笨拙，摸起来油腻
腻的。他满怀敬意地为这些物品命名，讲述它们的历史、它们由谁
在何时佩戴过，又如何被转手。他还告诉我，暂时拥有这些物品如
何成为村庄地位和荣耀的重要标志。

马林诺夫斯基写道，在库拉交换中流通的皇冠珠宝、贝壳手镯和项
链都属于"为拥有而拥有"的物品，我们在这些物品身上看到了因为历
史重要性而产生的相同心态和估值。我们对古董器物、古董家具以及家
族世代相传的其他物品进行估价时，同样是这些因素在发挥作用。哪怕
它们可能毫无用处，我们也会因为拥有它们而获得更高的地位。

马林诺夫斯基还写到了他所谓的日常生活中的"不可测性"——工
作惯例、日常饮食、社交和谈话、对东西的拥有和交换——必须要经过
研究，才能确定其反映出来的价值和信仰。以下是他对"不可测性"的
定义：

这包括一个人的日常工作、照顾身体的细节、吃饭和备餐方
式；围绕村庄火灾的谈话和社交生活的基调，强烈的友谊或敌意的存

在……所有这些事实都可以而且应该用科学的方式加以表述和记录，并且必须以这样的方式来完成，流于表面的记录是不行的，未经训练的观察者通常就是那样，我们必须要努力透过表面的行为看到背后的心态（1961：18-19）。

因此，马林诺夫斯基指出，仅仅描述是不够的，因为我们分析物品和人造物的最终目的是发现人们对待这些物品的态度，并领会他们蕴含的社会文化思想。

库拉交换与当代生活的一个相关之处涉及礼物交换中的互惠问题。参与库拉交换的当地人受守则和惯例的约束，收到什么价值的礼物，就会赠出与之价值相匹配的礼物，虽然，库拉交换使得礼物赠送循环往复，因为礼物在被持有和珍惜之后总是会继续流动，不会停止。因此，每个参与库拉交换的人都是在盲目信仰的基础上行动的——尽管库拉交换的守则要求参与交换的仪式性礼物具有同等地位。

互惠法则和互赠礼物

在大多数社会中，互惠原则是赠送礼物的核心部分。从社会学的角度来看，送礼是建立或维持社会关系的一种方式，也就是说，送礼有功能，需要我们进行复杂的计算。希拉·约翰逊（Sheila Johnson）一篇名为《圣诞礼物马》（摘自《关于人：人类学概论》，*About Man: An Introduction to Anthropology,* 1974：82）的文章中引用了法国社会学家马塞尔·莫斯（Marcel Mauss）1925 年的著作《礼物》（*The Gift*）来解释送礼的行为。她在书中写道：

除了决定要送礼这件事（这个决定本身可能就涉及一些微妙的

盘算）外，还有其他几个问题必须回答：应该花多少钱？太贵了，对方可能会尴尬或觉得有义务出去给你买同样昂贵的东西；太便宜了，他可能会觉得受到侮辱。应该送一个什么样的物品？一份礼物反映了送礼者的品位，但它也能反映送礼者对接受者品位的印象，从而为预期或意想不到的结果提供更多空间……

　　这些计算背后的主要送礼规则是互惠原则……互惠是使社会关系保持在或多或少平等和友好的基础上的原因。如果有人不遵从互惠原则或者不能遵从该原则，这要么意味着他想结束一段友好关系；要么他将自己置于社交中的低位，低于单方面送给他礼物的人。

我们看到，将"正确"的礼物送给一个人需要大量的估算，而且可能充满危险。这解释了为什么我们经常送人食物或酒精饮料作为礼物，因为对送礼对象来说，要估算什么礼物是正确礼物很简单，而且很容易交换。在许多西方国家的圣诞节期间，有特别浓厚的送礼物和送正确礼物的氛围，因为必须要送礼物，很多人特别焦虑，压力极大（有时也因为经济原因）。

在寻找一般性的礼物和物品所表达的心态和想法时，马林诺夫斯基会认为我们是以正确的方式研究物质文化。但"洞悉"人们的思维方式并不容易，正如弗洛伊德所解释的那样，我们对物体的许多感觉和态度都深埋在潜意识之中，自己没有意识到。迪希特早先提供的有关打火机的研究就是一个例子。审视自己的梦境，解释以奇怪的方式塑造我们行为的神话和仪式，通过这两种方式，我们通常可以了解人造物和财产的意义。我们还可以审视印刷广告和电视广告，它们的功能就像梦境一样，在塑造我们思考物品的方式和说服我们购买它们方面发挥着重要作用。

讨论题和进一步研究的主题

1. 马林诺夫斯基认为，复杂的社会结构反映在物品之中。选择当代生活中的一个物品，用本书第一部分中的理论解释它所反映的复杂社会结构。

2. 在相关的研究描述中，库拉交换没有功利目的。你认为这种观点正确吗？库拉交换除了实用价值之外还有什么功能？我们哪些行为没有功利目的？我们哪些行为的性质与库拉交换相似？

3. 马林诺夫斯基在他的分析中使用了哪些社会科学和理论？

4. 关于互惠和礼物，本章有些什么论述？用精神分析理论和功能分析来讨论赠送礼物这一现象。

第九章

风格
蓝色牛仔裤

　　符号学家会说，我们穿的衣服可以看作是我们向别人发送的关于自己的"信息"，我们总是通过衣服、肢体语言、面部表情以及我们所做的其他事情向他人发送信息；精神分析批评家会认为，我们没有意识到我们正在发送的关于自己信息的全部范围。因此，蓝色牛仔裤到处都是信息，而解码这些信息以揭示其关于社会经济阶层的描述，对权威的态度以及对性别相关的表达却并不容易。

　　我曾经决定统计我一个班上穿着蓝色牛仔裤的学生的人数。结果，那天班级里每个学生都穿着蓝色牛仔裤。

　　目前在美国（以及世界其他地区）发生的

最激烈的时尚大战之一不是低端时尚和精英时尚之间的竞争，而是蓝色牛仔裤品牌之争。李维斯（Levi's）曾经一度在蓝色牛仔裤领域占据主导地位，但多年来一直表现不佳，它与例如迪赛（Diesel）等竞争对手进行了品牌之争，而迪赛等被视为更时尚、更新潮的牛仔裤品牌，并且越来越受欢迎，它们的价格也更昂贵。

可以说，人类历史始于穿衣。当上帝发现亚当和夏娃遮蔽了他们的裸体时，这一行为向祂表明，他们违抗了祂的旨意，吃了智慧树上的果实，然后他们两人被逐出伊甸园。这使我们看到穿衣服与神话思维联系在一起是可能的。神话可以被定义为在塑造人类行为中起重要作用的神圣叙事。我已经讨论了所谓的神话模型，它将神话与历史事件、精英文化和大众文化的反思以及日常生活联系起来。研究时尚和服装的神话模型如表 9-1 所示。

表 9-1　研究时尚和服装的神话模型

神话	伊甸园里的亚当和夏娃
精神分析理论	裸体主义是纯真的表达
历史反思	穿鹿皮的拓荒者
精英艺术	果戈里的《外套》
大众文化	权威着装指南及书籍
日常生活	穿一条牛仔裤

尽管要穿一条牛仔裤是个人决定，但神话模型表明，在我们个人和文化潜意识中，这个决定可能与以意识不到的方式塑造我们行为的神话

有关。

德国学者沃尔夫冈·豪格在他的《商品美学、意识形态与文化》（*Commodity Aesthetics, Ideology & Culture*, 1987：157-158）一书中，对蓝色牛仔裤的经济意义、复杂性和受争议的文化意义提出了一些见解。他说，蓝色牛仔裤具有双重的特性：它们既体现年轻人的不服从精神（即拒绝正式的着装规范），又是大众文化的物品。

他断言，牛仔裤是抗议资产阶级"一本正经"的绅士时尚和一切与资产阶级文化有关的事物的标志。有趣的是近年来牛仔裤文化已经进入高端市场，有许多精品店的牛仔裤售价数百美元，比资产阶级的一条休闲裤或一条女裤要贵得多。但在大多数情况下，牛仔裤（作为休闲服装的典范）站在我们所谓的"高端时尚"的对立面。

牛仔裤和高端时尚之间的区别如表9-2所示，尽管随着高档、高端牛仔裤的发展，这种区别并不像最初那样明显。

表9-2　牛仔裤与高端时尚的区别

牛仔裤	高端时尚
普通面料（牛仔布）	高档面料
便宜	昂贵
工作	休闲
统一性	独特性
批量生产	手工制作
百货商店	精品时装店

牛仔裤的广泛流行表明，工作和娱乐之间的区别正在减少，因为人

们经常穿着"休闲"的牛仔裤来工作。社会学家告诉我们，牛仔裤还可以隐藏人们的社会经济地位，从而使其能够塑造自己的身份。

豪格探讨了一个吸引他注意力的牛仔裤广告，并反映了他对广告商利用性暗示来销售牛仔裤的方式的担忧。他写道：

> 在争取时尚竞争力的斗争中，牛仔裤一方绝不是靠保守进攻获胜的。一家牛仔裤商店的广告就是对此判断的例证。照片向我们展示了大家现在都熟悉的身体部分——裸体的女性背部。公司徽标的形状与这个背部形状相同。广告语：我们是牛仔裤专家，我们反对一本正经的时尚，争取充满活力、崭新、自由和有趣的生活，不给规则"吸血鬼"任何机会……
>
> "抗议时尚"的起源和动力来自社会的"横向"因素，即来自大众自身的反意识形态文化的开始。其对立面未能在"一本正经时尚"中被正确把握。相反，那是绅士的时尚，体现的是资产阶级支配的主题。

豪格指出，牛仔裤的对立风格不是衬衣西裤的穿着，而是绅士的时尚，后者暗含着涉及贵族世家和阶级的东西。

从豪格的角度来看，牛仔裤可能比其他任何类型的服装在塑造虚假意识方面发挥的作用都大。它们让群众相信，人们都生活在无阶级差别的中产阶级的社会中，每个人，甚至那些生活在所谓的"贫穷地带"中的人，都可以穿上蓝色牛仔裤。人们发现百万富翁利用牛仔裤来隐藏着自己的财富和地位，而无家可归的人也穿着蓝色牛仔裤。

汤姆·沃尔夫（Tom Wolfe）在他的《激进的时尚》（*Radical Chic*）一书中，描述了社会经济阶层两端的成员之间的时尚差异。他描写社交

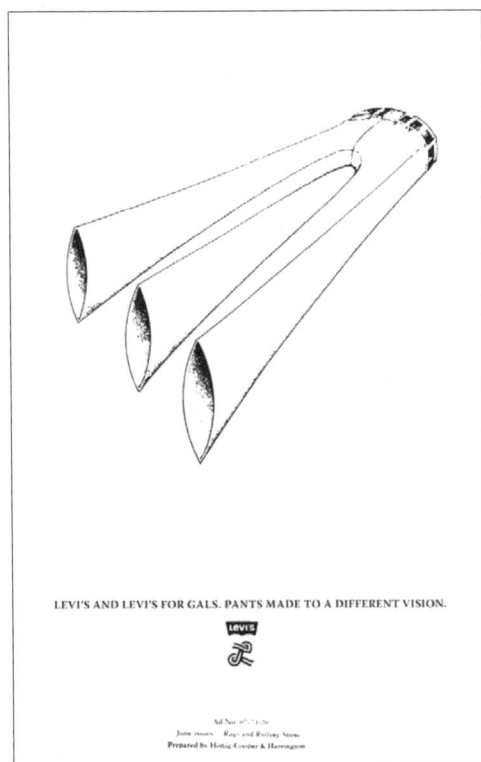

LEVI'S AND LEVI'S FOR GALS. PANTS MADE TO A DIFFERENT VISION.

名媛在聚会上穿着"喇叭裤真丝西服套装、璞琪（Pucci）紧身衣、古驰（Gucci）鞋、卡普奇（Capucci）围巾"，与此形成对比的墨西哥农夫穿着"工作服、李维斯斜纹棉布裤、西尔斯百货（Sears ballon）的斜纹布衫、凯马特（K-Mart）运动衫"。这些社交名流不参加社交聚会时，可能会穿蓝色牛仔裤，但可能是设计师品牌牛仔裤，而不是李维斯或其他批量生产的牛仔裤。

斯图尔特和伊丽莎白·伊文（Elizabeth Ewen）在他们的著作《欲望的通道：大众形象与美国意识的塑造》（*Channels of Desire: Mass Images and the Shaping of American Consciousness*）中，讨论了在纽约的公交车上看到的一个有趣的蓝色牛仔裤广告。他们写道（1982）：

　　1980 年 7 月 14 日，巴士底日。在百老汇的七十二街，一辆公共汽车嘎吱嘎吱地停下来。车的上方一片模糊的颜色（亮红色、橙色、令人惊艳的藏红花色、薰衣草蓝色、海蓝色、淡紫色、紫色、鸦黑色）闯入了视野。向上看，我们看到了一条张贴在公交车整个车顶上的广告，展示的内容令人惊讶：一条装配线上的女工们的臀部穿着紧绷绷的设计师款牛仔裤，在每条牛仔裤右臀的口袋上，都有个女继承人的签名……公共汽车又开动了。我们看到了车位的标语："臀部证明牛仔裤是合理的。格洛丽亚·范德比尔特（Gloria Vanderbilt）为穆尔贾尼（Murjani）而制。"

　　格洛丽亚·范德比尔特的牛仔裤和许多其他昂贵牛仔裤的兴起表明，牛仔裤已在社会经济阶梯上攀升，但时尚的基础通常是工艺和样式而非材料。而且大多数人不穿这些非常昂贵的设计师款牛仔裤。可以说，蓝色牛仔裤现在是介于下层和上层之间的时尚。

　　我们必须认识到，时尚是集体行为的一种形式，因此，当大量人穿着蓝色牛仔裤时，他们是在遵循时尚的宗旨，或更确切地说，是隐含的指令。正如雷内·科尼格（Rene Koenig）在其著作《躁动的形象：时尚社会学》（*The Restless Image: A Sociology of Fashion*，1973：51）中写道：

　　　　时尚确实是一种未被承认的世界力量。即使在世界历史的喧嚣声中，它也以柔和而坚定的声音引导着人类。然而，我们一次又一次地感到它无处不在，我们目不转睛地盯着那些不时被时尚潮流带到顶峰的伟大公众人物。因此，时尚也许比地球上所有其他力量都强大。

科尼格的例子可能有些夸大其词，但毫无疑问，时尚作为一种集体行为形式，会对世界各地的人们产生直接影响。

科尼格提醒我们，时尚是集体行为的一种形式，人们在时尚方面做出的许多选择都涉及跟随潮流，与他人一样穿什么，与电影明星、名人和体育明星一样穿什么，或在广告和商业宣传中告诉我们穿什么，青少年不断受到同龄人的压力要穿得"时尚"，他们中的许多人发现自己不得不接受最新的潮流，以避免与众不同或被贴上"不酷"的标签。

社会学家奥林·克拉普（Orrin E. Klapp）在他的著作《身份的集体搜索》（*Collective Search for Identity*）中建议，对于那些需要自我证明的人来说，时尚很重要。他对几个相关的词做了区分，"前沿"（front，强调地位和身份的时尚）、"时尚"（fad，关于身份的实验）和"装腔作势"（pose，用时尚来声称拥有自己并不拥有的地位、教育和成就）。他认为时尚已经发生了重大变化，并写道：

> 正如爱德华·萨皮尔（Edward Sapir）所说，时尚一直在为人做广告，并"装扮了自我"。但是如今时尚趋向极端（自我的宣泄）、花哨和低级趣味，这表明它在这些方面做得更多，而在传统的阶级维护功能上却做得更少。时尚不再是阶级可以用来区分自己的一个标志，更多的是一种高度戏剧化的身份投机（1962：109）。

他在 20 世纪 60 年代写了这本书。从那时起，穿着蓝色牛仔裤，或我所谓的"牛仔化"（denimization），已成为每个人隐藏自己的社会阶层和地位并模糊自己性别特征的一种手段。蓝色牛仔裤现象也是美国发生的一场时尚革命的一部分，自 20 世纪 60 年代末以来，美国的女装店统计，现在的裤子比裙子卖得多。社会学家查尔斯·温尼克撰写了《美国生活中的去性别化》一书，认为当代美国男性正在女性化，这表明正在美国发生的一种微妙的去性别化运动，因为女性现在已经开始以从前男士专有的方式着装。正如他解释的那样："从来没有一种重要的时尚是因其实用性而被接受的，裤子也不例外。与往年的宽松款式相比，它们已经变得更紧、更锥形、更不舒适。（1995：229）"女人穿着如此多的蓝色牛仔裤这一事实表明，这场流行的原因绝不是实用性。许多品牌的女式牛仔裤的裁剪旨在强调臀部线条，这也是性别展示的一种方式。蓝色牛仔裤是一种裤子，一直以来与男性联系在一起，但由于其裁剪突出了穿着它们的女性的臀部，因此现在已被用作增加性吸引力的一种手段。

我们看到，蓝色牛仔裤是一种相当复杂的物品，需要进行许多不同形式的分析。因为它们可以被视为我们发送给他人的有关自己的"信息"（这些信息可能传达许多不同的内容），它们引起了符号学家极大兴趣。牛仔裤在某种层面上反映了青年文化的力量，并且由于现在许多人都穿着牛仔裤（被定义为休闲装）上班，它们也打破了工作与休闲之间的界限。对于社会学家而言，牛仔裤具有多种功能，既是时尚的一部分，又是一种集体行为形式。一位社会学家查尔斯·温尼克认为牛仔裤的流行是美国社会正在经历去性别化的一个例子（现在，无论男女，大多数时间都穿裤子）。而且我认为牛仔裤可能与美国社会和文化中的某些神话有关。

因此，牛仔裤是令各个领域的学者都非常感兴趣和着迷的一种物品。而且每位学者对于牛仔裤的文化意义都有不同的见解。

讨论题和进一步研究的主题

1. 你拥有或曾经拥有哪些品牌的蓝色牛仔裤？它们之间有什么区别？现在最流行的品牌是什么？请使用我们已经讨论过的理论来解释为什么它们如此流行。

2. 你如何定义"青年文化"？你认为近年来它的影响力是增加还是减少了？

3. 牛仔裤是去性别化的一个例子吗？你还能举出别的例子吗？请解释你的答案。

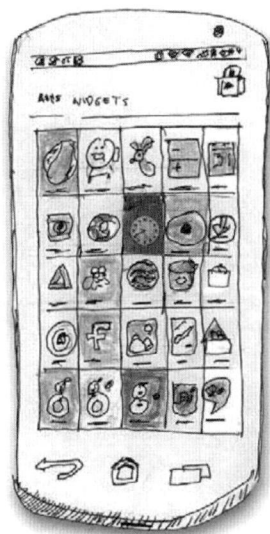

第十章

技术
智能手机

　　智能手机的普及率惊人，这是我们的日常生活中显而易见的事实。智能手机的定义如下：

　　　　一部具有内置应用程序并能进行互联网访问的移动电话。除了数字语音服务，智能手机还提供文本消息、电子邮件、网页浏览、拍照和视频摄像头、MP3 播放器以及视频播放和呼叫等功能。除了内置功能外，智能手机还能运行众多免费和付费应用程序，从而使曾经单一功能的手机变成了移动个人计算机。

　　世界各地无论是初中生还是老年人，人人都在使用智能手机，这并不稀奇。

皮尤报告（Pew Reports）指出，智能手机在我们的日常生活中起着重要作用，对于许多美国人而言，智能手机是当今访问互联网的主要方式。现在大约有 68 亿部正在使用中的手机，这意味着，世界约 70 亿人，几乎人均可以使用一部智能手机或一部手机。在某些国家或地区，如英国、意大利和瑞典，手机和智能手机的渗透率大于 100%，这意味着绝大部分能够使用手机或智能手机的人都拥有一部，而有些人则拥有不止一部。随着技术的发展，越来越多的人正在购买智能手机以替代发展较慢的手机。

对于许多人而言，这些手机似乎经常可以用来缓解他们的孤独感，并且使用它们可以被视为一种处理异化感和孤立感的尝试（现代世界和技术既赋予了我们权力，又是使我们异化的一种后果）。弗洛伊德主义者会说，智能手机的使用反映了我们对联系和感情的潜意识需求，并在我们的身份发展中发挥了作用。

精神分析师埃里克·埃里克森（Erik Erikson）提出人类发展的理论，可以用来帮助我们了解智能手机在我们的生活中所扮演的角色。在他的《童年与社会》（*Childhood and Society*，1963）一书中，提出了我们随着年龄的增长，

在生活的不同阶段面临的八种危机的理论。我
还没有研究我们在婴儿期面临的两次危机，因
为在那个阶段我们不使用智能手机。我列出了
埃里克森提出的以极端对立的形式出现的危
机，并且提出了自己对于智能手机相对于这
些危机所发挥的功能的看法（表 10-1）。有关
八次危机的资料可在他的"人类发展的八个阶
段"文章中找到。

表 10-1　智能手机的功能与人生不同阶段面临的危机

成长阶段	危机	智能手机的功能
儿童期	积极性 / 内疚	家庭融合、游戏、娱乐
求学期	勤奋 / 自卑	社会化、家庭作业技能
青春期	身份 / 角色混淆	同龄人群体情感联络、家庭作业、恋爱
青年期	亲密关系 / 孤立感	爱情、创立事业
成年期	繁衍 / 停滞	事业、团体
成熟期	自我完善 / 绝望	联络、团体

　　埃里克森认为，随着我们的成长，我们都将面临这些危机，并且必
须找到一种成功应对从婴儿期到老年期各种危机的方法。他对青春期及
其"身份和角色混淆"危机的分析有助于理解年轻人的智能手机使用情
况，他认为，青少年对于他们求职所面临的问题感到不安，并且在那个
阶段倾向于对各种类型的英雄和名人产生过度的认同感。他写道：

　　在很大程度上，青春期爱情就是一种获得自我身份确认的尝试，在这一过程中一方通过将一个散漫的自我形象投射到另一方身上，并借助这种投射所反射回的镜像来逐渐廓清对自我的认知，这就解释了为什么那么多年轻人恋爱总有说不完的话（1963：261）。

这有助于解释年轻人相互发送的无数短信。这些短信之所以重要，是因为它们在青少年自我定义的尝试中起着重要作用。下表显示青少年拥有智能手机和平板电脑的比例。我们发现，在短短的一年中，使用智能手机的青少年男女和接近青春期的儿童的比例有了很大的增长（表10-2）。

表10-2　2012年和2013年美国青少年智能手机和平板电脑使用情况
（拥有或可以使用设备的人）

2012年男性使用智能手机	2013年男性使用智能手机	2012年女性使用智能手机	2013年女性使用智能手机
44%	67%	42%	61%
2012年男性使用平板电脑	2013年男性使用平板电脑	2012年女性使用平板电脑	2013年女性使用平板电脑
43%	68%	47%	67%

　　大卫·布鲁克斯（David Brooks）在《纽约时报》的一篇引人入胜的专栏文章《模因之王》（*Lord of the Memes*）中，探讨了在可能被称为"智力影响"的过程中发生的变化（2008年8月8日：A19）。他认为有三个重要的时期，第一个时期是1400—1965年，这时期是一种"势利"的文化，在文化人造物等级中，艺术和歌剧作品处于最高水

平，而脱衣舞作品处于最低水平，他写道："在 20 世纪 60 年代，盛期现代主义风靡一时"。

在 20 世纪 60 年代后期，这个时代被他所谓的"高级折衷主义"所取代。这个时代的特点是抛弃势利时代中有价值的艺术，转向"受殖民压迫的外来群体"成员创造的艺术混合体。尽管没有提及，但他所描述的是后现代主义对文化的影响，其重点是折衷主义和模仿艺术。

"但是在 2007 年 6 月 29 日前后，人的性格发生了变化，"布鲁克斯写道，"当然，那是第一部 iPhone 的发布日期。那天，媒体取代了文化"。这意味着我们传播事物的方式（媒体）取代了我们创造的内容（文化）。可以这样来看待真正时髦又酷的人，即他们既是最新技术的早期采用者，也是最早遗弃它们的人。布鲁克斯写的是一篇讽刺文章，但他认为在 iPhone 推出后，美国文化的确改变了，这一观点并不太牵强。

梁路易（Louis Leung）和魏然（Ran Wei）两位学者在《新闻与大众传播》（夏季刊）（*Journalism and Mass Communication Quarterly*，Summer，2000:2）上发表的文章《不只是边走边说：手机的用途和满足感》（*More Than Just Talk on the Move: Uses and Gratifications of the Cellular Phone*）中，提供了关于手机使用的社会学观点。他们解释说，手机为手机用户提供了移动性和即时性（即可以立即访问他人），并且还使用户能够通过手机与朋友和家人联系来表达爱意。这种方法强调手机通信向使用这些设备的人们提供社交用途和心理满足感。

智能手机之所以受欢迎，是因为它们在许多方面都非常有用。例如，青少年喜欢它们的原因是他们以此摆脱了父母对他们通话的监视。这些电话在心理学家所谓的分离和个性化过程中发挥了作用。父母经常将手机交给孩子们，以便随时随地与他们保持联系。我们认为，手机可以起到"电子皮带"的作用。

一般而言，手机的广泛使用也存在负面影响。由于许多使用智能手机的人在公共场所进行交谈（通常说话声音很大），会打扰附近的其他人，因此，这可能成为公众的一大麻烦。不久之后，美国航空公司可能会被允许让乘客在飞行过程中使用手机，这引起了很大的争议。大多数人都不愿意在煲电话粥的人旁边坐几小时。调查发现，许多人在开车时打电话或发短信会发生交通事故。美国许多州现在禁止驾驶员在开车时用手机聊天，并要求他们使用耳机或其他免提设备；大多数州禁止在开车时发短信，大约 1/4 的州禁止在开车时打电话。

在第一部 iPhone 发布之前，苹果用户内部就弥漫着一种近乎狂热的氛围，并且有些人会在苹果商店前的人行道上扎营，这样他们就可以确保自己会买到一部苹果手机。从那以后，每年苹果公司都有功能更多、更强大的新版手机发布，同时，三星、摩托罗拉、HTC、LG 和诺基亚等制造商也提供了各种极具竞争力的选择。然而，iPhone 已经取得了巨大的成功，并已成为一种文化偶像。

问题来了：为什么人们觉得有必要在智能手机上花大量时间？人们是用它们来拨打必要的电话，还是因为觉得自己可以支配手机，或者因为他们很孤独并且渴望与某人（也许是任何人）通话？对于某些人来说，手机使他们不必留在办公室办公。他们可以在健身房锻炼身体或跑步，但仍然可以联系那些需要与他们交谈的人。这些手机（以及蓝色牛仔裤）似乎模糊了工作与娱乐之间的界线，多亏了这些手机，两者可以同时进行。许多人在公共场所大声交谈，不仅打扰他人，还迫使周围人被动揣测电话那端的通话内容，手机还模糊了私人和公共之间的界线。

可能是因为当今人们时间紧迫，以至于他们不得不进行多任务处理，因此，使用手机已成为一种普遍的文化压力水平的指标。在资本主义国家，人们彼此抵触，容易受到广告和社会压力的影响，这些压力使他们确信自己必须拥有智能手机。这些手机也具有革命性的一面，使第三世界国家的人们可以跳过电话通讯的固定电话阶段以及与互联网连接的个人计算机阶段。

斯宾塞·安特（Spencer E. Ante）在《华尔街日报》（*Wall Street Journal*）（2013 年 7 月 17 日：B1）发表的题为《随着惊喜因素逐渐消失，智能手机升级缓慢》（*Smartphone Upgrades Slow as the 'Wow' Factor Fades*）的文章中暗示我们对新型智能手机的迷恋可能正在消退。安特指出，由于我们现在有 70％ 的合同用户拥有智能手机，因此可以升级到智能手机使用和数据计划的人员越来越少，并且智能手机的变化相对较小，用户不那么愿意像过去几年一样频繁地更换新版手机。因此，许多智能手机用户在等待智能手机的"下一件大事"发生，期间他们会坚持使用过去两三年来一直使用的手机。

另外，一些计划现在允许智能手机用户随时更换手机而不必再等待两年，他们不会因此受到惩罚。

有趣的是，当苹果公司在 2013 年 9 月推出两款 iPhone 手机（一款是旧手机的升级版，另一款是旧手机换了一个廉价的塑料外壳）时，它仍在一周内售出了 900 万部。因此，我们对 iPhone 和其他智能手机的热情仍在高涨，尽管它可能不像最近几年那样狂热。

讨论题和进一步研究的主题

1. 我们是否都以相同的方式使用智能手机？或者不同国家的不同群体（年龄、性别等）使用智能手机的方式有什么不同？

2. 多年来智能手机是如何发展的？有哪些新发展正在研究中？

3. 书中讨论的各种理论是如何帮助我们解释智能手机的经济、心理、社会及文化意义的？西格蒙德·弗洛伊德、罗兰·巴特、克洛泰尔·拉帕耶、玛丽·道格拉斯和刘易斯·宾福德将如何分析智能手机现象？

4. 埃里克森对青少年的什么观点可以帮助我们了解他们使用智能手机的情况？

5. 哪些潜意识因素可能使人们感到他们需要智能手机，并且每年需要不断更换智能手机？

6. 回答霍华德·莱因戈德在《聪明行动族》中提出的这些问题，并讨论智能手机对特定对象和行业的影响：

> 当我们拿在手中、揣在口袋或穿在衣服上的电子用品成为通过巨型无线互联网相互通话的超级计算机时，人类行为将发生怎样的变化？当人们接触到新

产品时，我们可以合理地期望人们做什么？谁能预见到哪些公司将推动变革，并发现哪些业务将被变革转型或淘汰？（莱因戈德，2003：XV－XVI）

第十一章

全球化

可口可乐

如果有人被要求将 20 世纪最重要的人造物放入时间囊，那么一瓶可口可乐似乎位于其中。可口可乐是 1886 年由美国亚特兰大市的药剂师约翰·S.彭伯顿（John S. Pemberton）发明，并于 1894 年首次装瓶。1902 年，可口可乐成立公司。1915 年，可口可乐采用了"经典"弧形瓶设计，以与其他饮料区分开来。最初的弧形瓶是家喻户晓的物品，多年来一直使用，几乎没有变化。这体现了它的文化意义，它经常被流行艺术家绘制，如安迪·沃霍尔（Andy Warhol）1962 年在一块大画布上绘制了一幅210 个可乐瓶的图画。

我将可口可乐描述为一种稀释的麻醉剂，

许多人将可口可乐视为一种可以花很少的钱就能用"奢侈品"奖励自己的方式。健怡可乐提供了一种获得愉悦且没有负担（增加体重）的快乐，这意味着人们可以将其视为对长期以来影响着美国性格和文化的文化清教主义的一种否定。奇怪的是，可口可乐的原始配方是作为一种专利药品出售的。因此，它已经从药物发展成为世界上最受欢迎的非酒精饮料，并在 200 个不同的国家或地区销售。

在马歇尔·菲什威克（Marshall Fishwick）和雷·布朗·雷（Ray B. Browne）合著的《流行文化的特征》（*Icons of Popular Culture*，1970）一书中，收录了克雷格·吉尔伯恩（Craig Gilborn）题为《流行偶像：看着可乐瓶》（*Pop Iconology: Looking at the Coke Bottle*）的文章，提出可口可乐是"全世界最广为人知的商业产品"（1970：24）。他引用了 1949 年进行的一项研究的统计数据，表明 400 人中仅有 1 人无法通过瓶子识别出所售产品是什么。这项研究开展于麦当劳和星巴克崛起之前，但我相信吉尔伯恩关于可口可乐的全球影响的观点仍然是正确的。

现在，可口可乐以罐装形式出售，虽然它仍具有独特的颜色和可乐字体，但在外形上无法与其他种类的汽水区分开来。可口可乐是获得公认的美国文化和社会的象征。

这一观点是由民俗学家和人类学家拉斐尔·帕塔伊在他的《神话与现代人》一书中提出的。他解释了广告对我们乐于喝可乐起到的影响。他写道：

> 美国大众媒体的批评者已经观察到，电视广告中使用的方法"从不提出有序的、连续的、理性的论据，而只是呈现与渴望的事物或态度相关的产品"。因此，一位美丽的金发女郎坐在一辆凯迪

拉克轿车上，手中握着一瓶可口可乐，她身边围绕着古铜色皮肤、身形健美的仰慕者，阳光从头顶晒下来。这些元素不断重复，在我们的脑海中联系在一起，形成一种非常有凝聚力的模式，从而一个元素可以神奇地唤起其他元素。如果我们认为广告仅是为了销售产品而设计的，那么我们会忽视其主要效果：增加产品消费的乐趣。可口可乐不仅仅只是一种凉爽的饮料，消费者以间接方式参与到更大的体验中。在非洲、在美拉尼西亚，喝可口可乐就是参与美国生活的方式（1972：238–239）。

我们想起了列斐弗尔关于广告在消费者文化中扮演的角色的陈述，即为人们购买的所有产品提供价值。

帕塔伊提出，可口可乐也可能与执行艰巨任务的英雄人物的神话主题有关，因此，在购买可口可乐的过程中，我们会在潜意识中将自己与平面广告和电视广告中的"喝可乐，神快乐"以及体育偶像联系起来。在某种程度上，可口可乐可以看作神话和民间传说中神奇美食的等同物，对于那些不再年轻的人来说，它反映了使他们能够认同年轻人，并自欺欺人地认为自己比实际年龄年轻的一种神奇的思维。

麦克卢汉（McLuhan）在他的《机器新娘：工业人的民俗》（*The Mechanical Bride: Folklore of Industrial Man*）一书中也讨论了可口可乐的文化意义（1951/1967：120）。

玛格丽特·米德（Margaret Mead）在《男性与女性》（*Male and Female*）一书中的论述对理解可乐广告的成功特别有价值。她提出，这是我们喂养孩子的习惯的结果，我们总认为"嘴不是与某人相处的一种方式，而是接触非人格环境的一种方式。母亲总在帮你把诸如瓶、汤匙、饼干、牙胶的东西放进嘴里。"因此，她补充道，使外国人感到困惑的是在国外的美国士兵大多数时候嘴里总是有东西，例如，口香糖、糖果、可乐。

麦克卢汉的方法借鉴了弗洛伊德的精神分析理论，该理论表明，所有个体在成长过程中都会经历四个阶段。从他的角度来看，可乐与我们的口腔期有关，因此，成年人饮用可乐反映一种短暂的回归。麦克卢汉对《时代》（*Time*）杂志刊登地球吸吮可口可乐的封面特别感兴趣，认为这是可口可乐在全球范围内受欢迎的象征。

可口可乐"弧形"瓶令我震惊的一个方面是它的形状，尤其是瓶身的上半部，与女性有模糊的相似之处，因此，可乐瓶可能与成年人潜意识中渴望回到婴儿期的幸福联系在一起。这为我们提供了另一个例子，精神分析学的术语将其描述为满足自我需求的一种回归（与成年时我们购买冰激凌圆筒时所获得的回归相同）。从精神分析上讲，这是一种满足口唇的方式。购买它可能是出于自我的满足感，因为自我摆脱了本我对花钱买可乐而不是水来解渴这一行为的约束，并克服了超我对这一行为产生的内疚感。

麦克卢汉还把这种可乐的流行与"美国方式"和美国文化联系起来，认为它是一件暗示现代和时髦的人造物。他补充说，可口可乐也与美国人对美国生活健康的观念有关，特别是与美国妇女和母亲的健康观念有关：

对于外国人来说，可口可乐似乎已经变成了幸运的象征。而《时代》的封面（1950年5月15日）则描绘了地球吮吸可乐的情况。热爱可乐，就热爱美国的生活方式……可乐作为一种软饮料，自然而然地迎合了人们的柔软情感。健康的女孩和喝饮料的情景融合在一起，成功地实现了传达饮料无害的效果。这些反过来又与涵盖广泛的基本思想和感情的一整套家庭——母亲——卫生模式联系在一起。因此，要在当今的民间传统中找到一件更重要的物品，或者一件能更巧妙地唤起和释放当今实际生活的情感的物品会相当困难。饮料是否总是和广告所宣传的一样健康一直是食品分析师争论的问题。

营养学家解决了可口可乐的"健康"问题，他们指出每 8 盎司（约237 毫升）的可口可乐和其他软饮料中就含约 6 茶匙糖。

心理学家和人类学家克洛泰尔·拉帕耶认为，可口可乐的广告与青年文化息息相关，它反映了美国文化是一种青少年文化。他在《文化密码》中辩称，因为美国从来没有王权，所以它从来不必"杀死国王"。我们一直叛逆，我们的新移民来到美国也学会了这一点。他解释道：

> 我们的文化青春期以多种方式影响我们的行为。从这个观点来了解我们的文化，解释了为什么我们在全球范围内如此成功地销售象征青春期的物品：可口可乐、耐克鞋、快餐、蓝色牛仔裤和低俗的暴力电影（2006：31）。

拉帕耶认为，可口可乐是对美国青春期文化的一种反映，因此，那些不再年轻的个体将可乐作为一种与青春认同联结的途径。

近年来，随着美国受欢迎程度的减弱，可口可乐及其竞争对手百事可乐的流行程度也降低了。各种汽水在世界各地逐渐不如瓶装水和其他含糖量少且口味不同的饮料受欢迎。使用人工甜味剂的健怡可乐几乎没有热量，但许多人抱怨健怡可乐和其他低糖饮料的余味偏苦。如果将可口可乐减化到其基本成分，那它就是含有糖和具有"秘密配方"口味的糖浆的一种碳酸水。

但是，当你选择可口可乐时，你所得到的就是个性或可口可乐大量广告投放所产生的饮料"光晕"。瓦尔特·本雅明关于"光晕"的理论可能会解释可口可乐广告活动的重要性，这些广告声称可口可乐是"真家伙"。只有"真家伙"才能产生"光晕"，所以可口可乐的说法是，如果你想参与和可口可乐相关联的一切积极生活，就必须喝可口可乐而不是百事可乐或其他可乐。

口味盲测表明，大多数人无法分辨可口可乐和百事可乐之间的区别，而且通常更喜欢百事可乐。但是，当人们被告知一杯是可口可乐，另一杯是百事可乐时，他们倾向于认为可口可乐的口味更好，部分原因是可口可乐广告无处不在，而且其广告活动也很高明。正如麦克卢汉和拉帕耶解释的那样，可口可乐可能与"美国生活方式"联系在一起，但是，近年来，"美国生活方式"这个品牌对美国和其他国家的人逐渐失去了吸引力。这可能有助于解释为什么可口可乐和其他可乐饮料的销量最近没有增长的趋势。

来自英国的语言学教授格雷格·迈尔斯（Greg Myers）在他的《广告世界》（Ad Worlds）一书中专辟一章来论述全球化和广告。他探讨了著名的可口可乐自1971年以来的广告：

> 1971年，可口可乐公司制作了一部电视广告，描绘了200名年轻人在山顶上观看日出，每个人都穿着某种民族服装，每个人都拿着一瓶独特的"可乐"，所有的人都与新探索者乐队（New Seekers）一起歌唱：

我想给这个世界买一个家，并用爱来装饰它，

种上苹果树，蜜蜂和雪白的斑鸠在树上翩翩起舞，

我想教会全世界以完美的和声来唱歌。

我想请全世界喝瓶可乐，然后与它做伴。

这可是真家伙！

我们发现焦点组的人们在一代人之后仍然记得这则广告。现在看来，《山顶》（*Hilltop*）一歌似乎已经过时了，但是它展示了一种自那时起就无处不在的广告。可口可乐公司是最早建立单一全球产品和品牌形象营销策略的公司之一。它最早使用地球本身以及消费者的种族和民族多样性以表明该品牌令全球向往并销往全球（1999：55）。

迈尔斯补充说，去掉"可口可乐"的内容后，这首朗朗上口的歌曲《山顶》以单张唱片的形式发行，并登上美国排行榜榜首。他指出，许多跨国公司都使用全球主题，但他们也必须了解每个国家的差异，并在量身定制广告时，将民族特征和地区差异考虑在内。

罗伯特·格兰斯利（Robert Glancey）在罗伯特·戈德曼（Robert Goldman）与史蒂芬·帕普森（Stephen Papson）合撰的《符号战争：广告的乱象》（*Sign Wars: The Cluttered Landscape of Advertising*）一书中撰写了一篇关于《山顶》广告的文章以阐述其含义：

透过广告想传达的一个理念是，我们确实是某个地球村的一部分：我们都想要相同的事物，我们都可以使用它们，并对同一个形象作出反应。可口可乐以民主、国际和自由的形象自我推销。毫无疑问，它对你有好处（1996：271）。

近年来，随着肥胖症的全球流行，世界各地的人们开始意识到可口可乐和其他含糖软饮料并不健康，随之而来的就是可口可乐及其竞争对手现正面临的来自其他饮料品种的巨大挑战。

讨论题和进一步研究的主题

1. 可口可乐说它是"真家伙"是什么意思？

2. 请找一份可口可乐的印刷广告，并使用本书第一部分中讨论的方法和理论对其进行分析。

3. 麦克卢汉、帕塔伊和拉帕耶在分析可口可乐和可口可乐广告时提出了哪些观点？

4. 在日常生活中，你一天喝几罐（或几份）汽水？你最喜欢哪个汽水品牌？你的品牌选择反映了你的哪些方面呢？

5. 喝可乐的人是否固着在弗洛伊德所说的口腔期上？请使用本书中讨论的理论解释你的答案。

第十二章

身份
金色染发剂

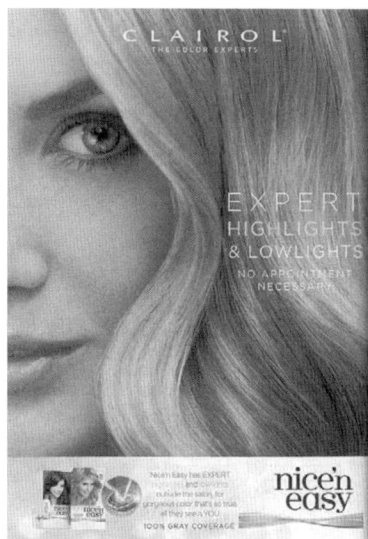

人们如何获得身份？这个问题是社会科学家、作家、哲学家和其他人数千年来一直在思考的问题。对于许多人而言，身份是由种族、宗教、性别、身材、受教育程度、个性和职业构成的一个组合。所有这些因素都涉及成为某个群体、某种文化或亚文化的成员。

许多社会科学家认为，当我们问自己"我是谁"的时候，我们要问的潜台词是"我属于哪个群体"，当我们明确这一点并将自己置于某个群体中时，我们便知道我们要遵守哪些规则。我们的身份影响我们的行为，因为社会角色与我们所属的群体、我们在群体中的地位以及人们因我们的群体成员身份而对我们的期望都息息相关。随着我们的成长，我们有时会改变自己的群体归属，而这会影响我们的身份和行为。

头发颜色是人们表明自己身份的一种方法。在西方的消费文化中，由于我们接触了很多广告，我们学会了以某些方式考虑头发的颜色。许多男人和女人都认为"金发女郎享受更多的乐趣"，所以他们将头发染成金色，并认为这种颜色使他们看起来更年轻、更时尚、更现代。我们可以说，金发不仅有助于赋予自然金发碧眼的人一种身份，还有助于为染成金发的人赋予一种身份。时尚的某些方面（如染发）不但有助于赋予人一种身份，而且由于多种原因，在这些将头发染成金色（或其他任何颜色）的人身上产生了异常强烈的热情。

法国杰出的符号学家罗兰·巴特在他的《符号学的挑战》一书中讨论了衣服和其他物品的重要性。他写道：

> 服装、汽车、菜肴、手势、电影、音乐、广告形象、家具、报纸头条——这些物品确实看似不同。
>
> 他们可能有什么共同点？但至少有一个共同点：它们都是符号。当我漫步街头或在生活中，遇到这些物品时，我会对所有物品进行某种阅读（如果需要意识不到这一点）：现代人、城市人，把时间花在阅读上。他首先阅读图像、手势和行为：这辆车告诉我车主人的社会地位，这件衣服非常准确地告诉我其穿着者有多么因循守旧或有多少古怪行为（1988：147）。

巴特所说的是，即使我们意识不到自己的行为，我们也总是"阅读"或解释别人的话语、行为和财物所传递的消息。我们总是在解读别人传递的消息，而他们也在解读我们传递的消息，我们"阅读"的人的最直接信息是他们的发型和发色，每一种都传达有关他们的某些信息。

当然，有时候人们会用符号"撒谎"：驾驶一辆超出其社会经济水平的汽车，或者将头发染成不是他们天生的颜色。巴特使我们意识到解码在时尚以及我们所拥有和所做的一切事物中发现的社会和文化信息的重要性。其中一些信息是在全世界有共识的。

我们发展个人身份的一种方式是认同我们所尊重或崇拜的人并模仿他们。当谈到我们作为消费者的职能时，我们经常出于本能或欲望去模仿那些广告中反映出来的名人、电影明星和金发碧眼的体育明星。我们必须认识到，有许多不同种类的金发女郎，例如，铂金色金发女郎、略带金色的红发女郎、夹杂棕色的金发女郎、浅金色金发女郎和染发的金发女郎。因此，金发有相当大的差异，我们在染成金发时必须做出很多的选择。

社会学家查尔斯·温尼克在他的著作《新人类：美国生活中的去性别化》（*The New People: Desexualization in American Life*）中对金发的意义和功能提供了一些见解。他写道：

> 即使天生的金发，要染成金色也需要经过调色和漂白两个步骤的处理。对于某些女性而言，金发是一个超越种族背景的机会。其他人则将其视为孩子的细软浅黄头发的象征，对于年长的女性而言，把头发染成金色是覆盖白发的一种简单方法。有些女性之所以染成金发是因为改变头发是如此意义深远的一次经历，以至于她们想要一种截然不同的色调。但是对于许多女性而言，金发的吸引力与其说是获得更多乐趣的机会，不如说是一种回避情感、缺乏激情的表现。玛丽莲·梦露（Marilyn Monroe）之所以广受欢迎，与其说是因为她是一个狂野的性感女郎，不如说她是一个没有威胁性的

孩子。70%的金发娃娃也暗示了金发所散发的纯真。

大卫·劳伦斯（D. H. Lawrence）指出，美国小说中的金发碧眼的女人通常很冷静，难以得手，而黑皮肤女人则代表着激情。虚构的金发女郎往往也带有报复心且为人冷淡。超过20%的染发剂销售额是来自金色染发剂，虽然只有5%的美国女性是天生金发（1968：169）。

温尼克这本著作写于1968年，他的一些统计数据现在看来是不正确的，但是他认为金发在无意识中象征着一种情感抽离的观点，值得深思。如果一个黑发、棕发或红发的女人把她的头发染成金色，我们假设，她的发色并不会改变她的个性。因此，深色头发的女人染了金色的头发后，仍然拥有劳伦斯所说的那种"热情"，但是她们的发色却掩盖了这种特质。

还有关于金发女郎是"傻乎乎"的刻板印象，以及许多与此相关的笑话。这种刻板印象是基于这样的观念，即她们用自己的美丽而不是智慧来取得胜利。安妮塔·卢斯（Anita Loos）的小说《绅士爱美人》（*Gentlemen Prefer Blondes*）中反映了一些对于金发女郎的刻板印象。如果我们将某种特质与金发联系起来，那么在某种意义上将头发染成金色的女性就是在宣称一种假身份。有人说，许多金发女郎都是"亲手染发"。可以说，大量的金发女郎是用金发的符号进行欺骗。

社会学家奥林·克拉普在他的著作《集体寻找身份》中引用了关于金发的精彩广告。广告内容如下：

也许真正的你是金发。每个聪明的女性都在不断寻找自己的身份——她内心真实的自我及其外表的表达。她正在寻找一种特殊的方式来塑造自己的嘴唇或上翘的下巴，一种新颜色，一种香水，这是她向全世界传达的个人信息。当你看到一个发现了自己的女性时，你就会知道。她激动的话语中带着一种安静："我喜欢成为我"。你找到真正的你了吗？有些女性从来没有找到过，事实上，许多女性从来没有过最激动人心的发现：她们天生就该是金发美人（1969：78）。

这则广告表明，染发代表着女性找到自己真实身份（金发美人）的一种手段，而她们天生的发色实际上阻止了她们找到自己的身份。该广告的逻辑含义是每个女人都应该是金发，或者至少许多女人应该染头发，从而找到自己的真实身份。克拉普在他对"外貌"的讨论中引用了这则广告，其反映了衣服和发色的时尚使人们可以进行身份冒险。

一篇有关英国女性在头发上花费的时间和金钱的文章揭示了女性在头发上花费了大量的金钱。2010 年 3 月 29 日黛博拉·邓纳姆（Deborah Dunham）在互联网上发布了一篇名为《漂亮的价格：女性一生中在头发上花费 50000 美元》（*The Price of Pretty: Women Spend $50,000 on Hair Over Lifetime*）的文章，提供了有趣的统计数据：

> 根据炫诗（Tresemme）在英国进行的一项调查显示，女性一生中在头发上平均花费高达 50000 美元。每年，我们在洗发水和护发素上平均花费 160 美元，在造型产品上花费 120 美元，在发型上花费 520 美元。对于那些染发的人来说，每年还需要再花费 330 美元。但是，金钱并不是我们追求美的唯一重大投资。我们花费的时间也很惊人。魅力四射的女孩平均每周花 1 小时 53 分钟来洗、吹和定型自己的头发。这听起来可能不算很多，但是到我们 65 岁时，我们在

护理头发这件事上度过的人生将会是 7 个多月！

因此，我们看到护发和染发确实是一门大生意。原因之一是头发是我们拥有的最容易修饰并最容易受我们的品位和欲望影响的生理特征。

社会学家安东尼·西诺特（Antony Synott）撰写了一篇文章《羞耻与荣耀：头发的社会学》（*Shame and Glory: A Sociology of Hair*），解释了头发在我们的身份中扮演的角色，他写道：

> 首先，头发可能是个人和群体身份的最有力的象征。有力是因为头发是生理的，因此是非常个人的；其次，尽管是个人的，但头发也是公开的而不是私密的。此外，头发的象征意义通常是自愿的，而不是强加或"赋予"的；最后，头发具有多种延展性，因此特别易于象征个人和群体身份之间的差异及其变化（1989：381）。

因此，我们发现，当我们试图确认自己的身份时，发色及发型（直发或卷发，长发或短发，中分或侧分）是我们确认身份可以使用的最重要的标志之一。西诺特引用了他从《纽约时报》的一篇文章中得到的数据：1989 年美国美发业上的消费高达 25 亿美元。《经济学人》（*Economist*）杂志的一份报告提供了全球染发剂的销售数据："全球染发剂市场已经达到了每年 70 亿美元的零售额，在未来五年中，预计将以每年 8%~10% 的速度递增。这使它成为目前价值 370 亿美元的护发产业中增长最快的部分"。该文章发表于 2001 年，这意味着护发产业的规模现在还要大得多，2010 年为 490 亿美元。

因此，无论在美发厅或在家染发，染发都是一个主要产业，在我们的日常生活中起着重要的作用。我们将女性染发和做发型的地方称为

"美发厅"的事实表明，发色和发型在我们的生活和塑造身份的过程中起着极其重要的作用。

讨论题和进一步研究的主题

1. 请问你是否因为某些染发产品得到了体育明星、电影明星或名人的认可而购买它们？如果是这样，请说明原因。

2. 为什么染发在我们的心理和身份中起着如此重要的作用？将头发染成金色的人能获得什么心理受益和其他受益？

3. 正如安伯托·艾柯指出的那样，可以使用符号来误导他人。除了染发剂外，人们还有其他可以撒谎的方式吗？

4. 女孩们将头发染成金色是因为许多名人和女演员都将头发染成金色，她们是新事物传播的例子吗？请解释你的答案。

5. 使用弗洛伊德的本我、自我和超我类型学，将金发、深褐色头发和红发归入正确的类别，并说明归类原因。

第十三章

转型
书籍

自 1450 年古腾堡（Gutenberg）发明了铅活字印刷术以来，许多人可以阅读到书籍。书籍可以定义为一种装订成册的打印页的制品。在艺术品商店和文具店可以购买空白页的书（我用这种书来记日记），但是我在此使用的术语是指其中有印刷内容的书。不但书籍中的观念很重要，而且书籍的物理材质（为我们带来了这些观念以及故事、图片和许多其他东西的纸张和印刷内容的线条）也很重要。近年来，随着电子书的日益普及，这一定义得到了扩展。电子书受保护的电子文本文件，可以模仿印刷书籍的格式，并且可以在智能手机、平板电脑、个人计算机等设备上阅读，特别是在诸如亚马逊的 Kindle 之类的专用电子阅读器上阅读。

阅读书籍读的是构成单词的字母，而在西方国家，大多时候单词都是从左到右以水平打印线显示的。经卷（如《摩西五经》）、壁画、湿壁画、泥板以及其他版式的手稿也可视为书籍，但我的重点将放在西方国家常规设计和制造的书籍上。专用电子阅读器可以存储数百本书籍，并可以在非常小的设备上装下整个图书馆。

书籍并非是凭空出现的。一本书需要有人撰写。一旦作者的稿件被组稿编辑接受，作者就需要与开发编辑打交道，后者帮助他们专注于可能需要更多关注的重要事项；制作编辑，负责协调书籍的设计和制作；美术编辑和印刷师负责本书的外观；文字编辑，负责检查手稿以确保其中没有拼写、语法或其他类型的错误；而校对人员则会翻阅页面校样以确保其中没有错误。一些不想为自己的书做索引的作者雇用了专业索引师。

在大多数国家，人们习惯从左到右阅读书籍。马歇尔·麦克卢汉认为，正是印刷的线性特征和阅读书籍以及其他印刷品的个人可以按自己的节奏阅读它们的事实，促进了许多不同的事物的发展，例如，线性思维、理性、个人主义和一种独立感。他认为，人们不会从电子媒体那里获得这些发展。当你阅读一本书时，可以在书中来回跳读，重温多次阅读的内容，用彩色标记笔突出显示某些段落，并在空白处写下对阅读内容的评论。

加拿大具有影响力的媒体和文化理论家马歇尔·麦克卢汉（1911—1980）在他的经典著作《理解媒介：论人的延伸》（*Understanding*

Media: The Extensions of Man，1965：172-173）中解释了他对书籍的社会、文化和政治影响的观点：

> 从社会角度来看，人类印刷的扩展带来了民族主义、工业主义、大众市场以及广泛的扫盲和教育。印刷品呈现出可重复的精确图像，激发了扩展社会能量的全新形式。印刷术在文艺复兴时期释放了巨大的心理和社会能量，如同在当今的日本或俄罗斯，它使个人脱离传统的群体，同时提供一种以巨大的凝聚力将个人与个人聚合的模型。同样的，私人企业精神鼓励作家和艺术家培养自我表达的精神，也促使其他人建立了大型军事和商业企业。
>
> 印刷术送给人类最重要的礼物也许是独立和不介入的……在我们的精神生活中，印刷文字的碎片化和分析能力给予我们"感性的分离"，我们发现，自塞尚（Cezanne）和波德莱尔（Baudelaire）以来，在艺术和文学中，这一直是品位和知识改革的首要任务……正是这种将思想和情感分离的力量，能够悄无声息地将有文化的人从在私人和社会生活中与家庭紧密联系的部落世界中分离出来。

麦克卢汉还提出，重要的是，要认识到媒体流行度的变化会在经济、政治、社会和文化上产生深远的影响。而且，诸如手机、计算机和互联网之类的新技术的发展可能会产生巨大的影响，目前我们尚无法理解或弄清它们的最终影响。

麦克卢汉是一位文学教授，他在寻找一种了解学生的方式时对流行文化和媒介产生了兴趣。他发现广告、漫画和其他媒介是让学生分析文学文本进而分析文化的有效方式。正如加拿大学者唐纳德·泰尔（Donald Theall）在《虚拟马歇尔·麦克卢汉》（*The Virtual Marshall*

McLuhan）中解释的那样：

> 当麦克卢汉试图在一年级学生的必修课中教他们如何阅读英语诗歌，并开始使用分析报纸头版、漫画、广告以及诗歌等的技巧时，他感到了沮丧。研究流行文化和流行艺术形式的新方法使他迈出了转向新媒介和传播的第一步，并让他完成了第一本著作《机器新娘》，有人认为这是早期文化研究的奠基文献之一。虽然该书一开始并不成功，但它介绍了麦克卢汉的基本方法的一个方面，即使用准诗歌风格的诗学分析方法来分析流行的文化现象。简而言之，假设这种文化产物是另一种诗歌。（2001：4-5）

麦克卢汉顺势开始全面分析媒体，这使《理解媒介》和许多其他书籍陆续问世。

麦克卢汉对热媒介和冷媒介的区分如下：

> 有一个基本原理可以将收音机等热媒介与电话之类的冷媒介区别开来，或是将电影之类的热媒介与电视之类的冷媒介区别开。热媒介是一种在"高清晰度"上扩展单一意义的媒介。高清晰度是充满数据的状态。照片在视觉上是"高清晰度"的。而漫画由于提供的视觉信息很少，是低清晰度的。因此，热媒介的受众参与度很低，而冷媒介的受众参与度或完成度很高（1965：22-23）。

麦克卢汉认为书籍是高清晰度的，因为它们使用了语音字母并充满了信息。牢记麦克卢汉关于热媒介和冷媒介的想法，我们可以考虑表13-1中显示的电子媒介和印刷媒介之间的差异，该表基于《理解媒介：论人的延伸》中的材料所制。

表 13-1　电子媒介与印刷媒介的差异

电子媒介	印刷媒介
耳朵	眼睛
突然	线性特征
同时性	互联性
情感	逻辑
无线电	书籍
团体性	个体性
参与性	独立性
模式识别	数据分类

我们可能想知道，我们新的电子媒介（例如，互联网）的发展是否会导致麦克卢汉所说的电子媒介主题发生变化，或者他关于收音机和其他媒介的观点是否仍然适用。麦克卢汉撰写了探讨印刷媒介和电子媒介的文章，电子书是电子发行的印刷书籍的一个奇特组合。电子书是印刷书的电子版本。麦克卢汉会对电子书以及他提出的印刷媒介和电子媒介之间的对立观点有何评论？我认为，尽管电子书是电子媒介，但它们的作用是模拟印刷书籍，因此，电子书可以看作传播印刷书的另一种方式。

麦克卢汉以普及地球村的概念和提出"媒介就是信息"而著称，这表明媒介本身的影响比其传播的内容更为重要。麦克卢汉的这些概念一提出就遭到许多学者的否定，部分原因是他在写作中使用的时髦风格以及他对广告和大众文化的兴趣。但是近年来，他被重新评价，他的许多

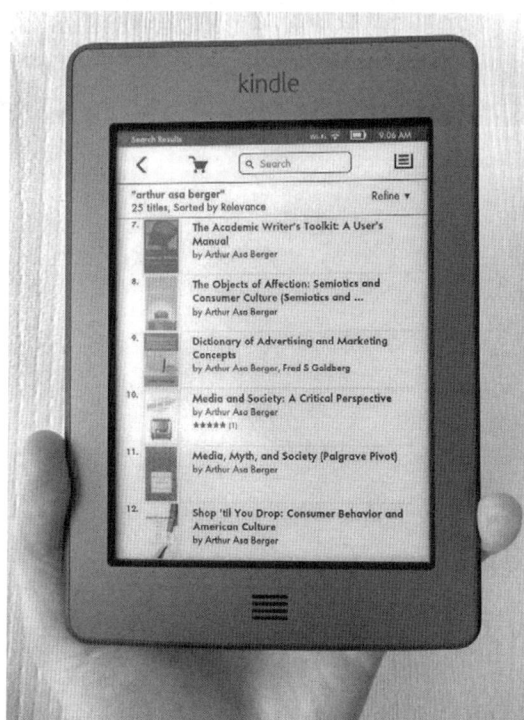

想法现在被广泛接受。

　　既然我们拥有的手机、油管视频网站、脸书、我的空间（My Space）、推特、谷歌、电子邮件、博客、讯佳普（Skype）和其他交流方式将我们联系到一个电子社区或地球村，那么麦克卢汉的地球村的观点似乎已经得到了证实。电子媒介现在正在成为主导，一些诸如报纸和杂志类的印刷媒介，正在失去读者并为生存而挣扎。

　　在被麦克卢汉描述为地球村的当代世界中，麦克卢汉认为两本书（《圣经》和《古兰经》）以及基于它们的宗教正在塑造我们的国际和国家政治。麦克卢汉对印刷品的概括可能有助于解释"个体性"和目标感，两者导致了拥有不同经书的不同人之间进行了数千年的可怕战争。这些交战的人们现在正以惊人的效率使用电子媒介，传播他们的信息。

由于书籍现在以印刷书籍、有声书籍以及例如亚马逊电子阅读器之类的电子设备等多种不同形式出现，它们提供了一个说明物品转型方式的有趣示例。还有可以在互联网上提供数百万本书的文档的谷歌图书的网站。另外，有声读物使人们可以在上下班时收听正在被阅读的书，而且现在有声读物的网上使用率越来越高。

朱莉·博斯曼（Julie Bosman）在《纽约时报》（2013 年 5 月 15 日）上发表的文章提供了有关图书行业的统计信息。她报道了图书行业的一项调查：

> 调查显示，与 2011 年的 15% 相比，电子书销量上涨，占现在出版商收入的 20%。从净收入上看，2011 年出版商的净收入为 140 亿美元，2012 年则高达 150 亿美元，而普通图书的单位销售额增长了 8%，达到 23 亿美元。

图书行业的可靠统计数据很难获得，但博斯曼的报告显示该行业运行良好，并且电子书日益风靡。

人们认为麦克卢汉在 1969 年出版的《反击》（Counterblast）一书中曾预言了电子时代人们使用图书方式的演变和变革。他写道："我们对书籍作为一种文化原型的痴迷甚至妨碍了我们将书籍本身视为一种独特而有吸引力的包装体验方式。（1969：93）"他补充道，在电子时代，书籍并没有过时，尽管书籍可能失去了作为文化人造物的卓越地位，但它们已经获得了新的角色，而且我们或许可以说，它们正在获得新的形式。

新技术允许出版商"按需"印刷书籍，而不是印刷大量书籍以利用规模经济。按需印刷技术使出版商不必保留书籍库存，但是每本书都更昂贵，因此该技术对于小众的书籍最有用。在这个数字时代，任何人都可以成为出版商。例如亚马逊的国际文库之类的电子出版网站可供作者以最小的费用自行出版书籍。还有如 Xlibris 和 IUniverse 的其他电子书出版商，他们提供更多服务，但价格也更昂贵。

自主出版书籍的问题在于作者必须自己销售书籍。一般而言，自主出版的图书销售不多，但偶尔会找到市场，而有些则由传统出版商重新出版。因此，尽管图书出版已经变得民主化，任何人都可以成为出版商，但通过按需印刷的互联网出版商出版的图书通常找不到很大的市场。根据年度统计数据显示，美国传统出版机构年出版量约为 10 万册，同期自主出版数量则达到 20 万册。越来越多的此类书籍也以电子书的形式出版。

随着越来越多的人可以成为作者，我们必须怀疑文字的价值是否正在减少。当抄写员逐字抄写手稿时，每个字都有一定的价值。这就解释了为什么由抄写员手工复制的《摩西五经》经卷如此有价值。现在，似乎文字已经变得廉价而失去了其部分的重要性。

古罗马作家西塞罗（Cicero，前 143—前 106）曾写道："时代很糟糕。孩子们不再服从父母，每个人都在写书。"随着互联网出版商的发展，现在每个在写书的人都可以以最少的费用将其出版。是否有人购买和阅读这本书则是另一回事。

讨论题和进一步研究的主题

1. 请解释麦克卢汉如何从印刷品中发展出个人主义、独立和理性的观点？他认为印刷品催生了哪些其他事物？

2. 麦克卢汉认为，电子媒介和印刷媒介之间有什么区别？哪些新发展改变了电子媒介和印刷媒介之间的关系？请解释你的答案。

3. 请说明什么理论方法可以解释近年来 Kindle 和其他电子书阅读器的成功。

4. 随着以亚马逊国际文库为代表的以很低的成本出版书籍的自主出版服务的出现，出版书籍的前景是好是坏？请说明你的看法。

5. 你是否同意将电子书视为电子形式的印刷书籍？麦克卢汉会对电子书怎么说？电子书实用吗？请解释你的答案。

脸书图标

第十四章

社交
脸书图标

　　脸书图标是小写的字母 f，在蓝色背景上显示为白色，或者在白色背景上显示为蓝色。在为智能手机、平板电脑和计算机创建的数十万个应用程序之中，脸书因其拥有众多的用户，其图标可以说是最常用的一个。正如我在前面符号学讨论的章节中所解释的那样，符号学创始人之一查尔斯·桑德斯·皮尔斯将符号分为三种类型：表示相似性的图标，表示连接（如烟和火）的索引，以及必须了解其含义的符号。某些应用在本质上是图标性的，例如，带有电话图案的应用通常使人们识别其为拨打电话的应用程序。从符号学来看，脸书应用程序是一个符号。因为必须了解 f 的含义。许多应用都是符号，因为人们无法通过图标来判断其用途，但我们仍将其称为图标。

现在，脸书是我们这个时代占主导地位的社交媒体应用程序，已经拥有超过十亿用户。在注册脸书后，我们可以通过单击其应用图标（简单的字母 f）在智能手机和平板电脑上访问该应用程序，并且可以发布评论和图像。看看脸书，你就会发现该应用程序起主要作用的是一些视觉媒介和图像（通常是照片）。脸书反映了一个事实，即现代文化不再是以文字为中心的标识文化，而是以图像为中心——并且这些图像大多由照片构成。我认为我们已经从以数码相机为基础的时代转变为以数码摄影为特征的时代，因为现在智能手机甚至平板电脑都可以拍照。社会科学家亚当·乔恩森（Adam N. Joinson）研究了人们使用脸书的方式，并提出了脸书用户使用该网站的多种不同方式。该研究题为《"仰望"或是"攀比"？脸书的动机和用途》(*"Looking up" or "Keeping up with" People? Motives and Uses of Facebook*)，其摘要如下：

> 本文调查了社交网站脸书的使用及其用户从使用中获得的满意度。在第一项研究中，由 137 位用户使用一些单词或短语来描述他们如何使用脸书，以及他们喜欢脸书的哪些用途；在第二项研究中，由 241 位脸书用户将这些短语编码为 46 个选项。因子分析确定了七个独特的用途和令人满意的方面：社交联系、共享身份、内容、社交调查、社交网络、冲浪和状态更新。用户的人口统计信息、网站访问模式和隐私设置的使用与不同的使用和满足感相关。

脸书之所以受欢迎，是因为它为其用户提供了许多服务。如果人们查看脸书信息流，则会看到大量图像，其中大多数是照片，通常是使用

智能手机拍摄并发布的。我们可能会问，我们在脸书上看到的所有照片
（75%信息都是照片）有何意义？

照片不再像前数码相机时代和前脸书时代那样总是反映真相，因为
摄影师总是在所拍摄的图像和"真实性"之间进行调解，我们曾经认为
摄影师选择用镜头捕捉的图像就是现实的一面镜子。我们看到的正是摄
影师选择要在其图像中呈现的东西，我们看不到他们可能拍摄的图像，
或是同一图像上被他裁剪掉的部分，这些部分可能讲述的是完全不同的
故事。

因此，摄影图像本质上隐含意识形态，因为它始终基于摄影师的世
界观。并且，由于数字图像是可以处理的，因此没有比数字图像更具意
识形态的图像了。数码相机、智能手机和其他设备或许增强了我们捕捉
图像的能力，帮助我们记录所见之物，但这些图像同样可能被篡改，因
此，它们已不再具备宣称能真实再现现实的资格。

摄影一直吸引着作者，也许是因为它提供了一种与其他图像系统（如绘画）和文字不同的捕捉现实的替代方法。美国文化评论家苏珊·桑塔格（Susan Sontag）在前数码相机时代，于 1978 年出版了著作《论摄影》（*On Photography*），讨论了摄影的各个方面。她写了关于摄影的独特之处：

> 摄影具有其他图像系统从未拥有的功能，因为与早期的图像系统不同，摄影不依赖图像制作者。无论摄影师如何精心地介入并引导图像的创作过程，这一过程本身仍然是一种光学—化学（或电子）机制，其运作是自动化的，而相关技术设备也必将不断改良，以提供更精细、因而更具实用性的现实摹本。这些图像的机械成因以及它们所赋予的力量的真实性，构成了图像与现实之间的新关系（1978：158）。

在文章的后面，她谈到了照片将现实监禁的能力，即"使其静止不动"。当她写这篇文章时，人们仍然认为摄影有些不可思议，并且对摄影师将其注意力集中在使其感兴趣的某些事物上，而忽略不感兴趣的事物的方式并没有多加考虑。

事实上，照片始终是对现实的选择性解释，照片所遗漏的内容可能比捕获的内容更为重要。裁剪照片时，我们会忽略其中的某些部分，而将注意力集中在保留的部分上。拍摄照片过程可以是机械的，也可以是电子的，但是照片的选择（以及将照片发布到脸书上）始终是由摄影师决定的，因此，断言照片"捕捉"了现实是很幼稚的。当然，现在有了数码相机和数字照片处理程序和应用程序，虽然拍摄过程可能是自动的，但人们看到的照片有可能经过了相当多的处理。

桑塔格确实提出了关于摄影的一个重要观点：它们成为现代信息系统的一部分，可以用作控制工具。在日常的一天中，据估计，伦敦人平均被摄像机拍摄 300 次，而纽约和芝加哥等城市的人们可能会被摄像机拍摄无数次。

数码相机，尤其是嵌入智能手机中的数码相机，已经彻底改变了人们拍摄照片的方式，因为有了数码相机，人们可以立即查看拍摄的照片，如果不喜欢，则将其删除。这些相机和其他设备可以在使用的记忆卡上存储大量图像。脸书没有对用户发布图像的数量设限。大多数数码相机都具有自动设置，这意味着当使用相机的设置时，数码相机本质上与自动傻瓜相机无异，对于许多人来说，现在是相机在进行思考。而且将我们用数码相机拍摄的图像存储在计算机上非常容易。我们可以选择喜欢的图像并将其发送给照片公司处理，我们可以将它们打印出来或通过电子邮件发送给亲朋好友。我们越来越多地用智能手机拍照，并将其直接发送到我们使用的脸书、谷歌或其他社交媒体平台。

数码相机和智能手机拍摄的图像质量非常高，以至于我现在在外国撰写民族志旅游研究文章时也用它们拍摄照片。如果我拍摄 250 或 300 张图像并存在手机内存里，那么，在为书本选择图像时，就有很多可供选择的图像。数字设备的作用是消除胶片成像所涉及的神秘性或悬念，因为使用传统的胶片相机，人们要一直等到照片冲洗出来，才能知道所拍摄的照片的效果。

有了数码相机和智能手机，所有人都可以成为照片民族志专家，并创建自己的摄影集。实际上，我们通过在脸书上的日常帖子以一种零散的方式来做到这一点。由于 iPhone 和其他智能手机拍摄的照片质量很高，所以数码相机（尤其是入门级傻瓜相机）的销量直线下降。可以说，脸书的视觉效果在很大程度上是现在智能手机能够拍摄非常高质量的照片造就的。多亏了脸书，以及其他社交网络和图像页面（如Picasa、Flikr、Tumblr等），我们可以立即发布这些图像并与亲朋好友共享。我们还可以使用各种互联网自主印刷出版商，以相对较少的费用出版实体相册。因此，我们现在正经历着所谓的摄影出版的"民主化"，在互联网上的各个站点免费发行照片，自行出版摄影书相对容易且便宜。如今，脸书、推特以及诸如拼趣（Pinterest）等社交平台正在构建极具视觉冲击力的日常生活图景库，这些源自美国及其他可访问国家的图像资料，对于研究文化趋势的社会科学家以及相关学者具有重要价值。

现在，智能手机上的数码相机已成为提供图像的主要手段，而这些图像可以为我们的个人和集体记忆保存事件和体验。现在，当游客参观可供拍摄的风景名胜区，他们可以拍摄数百张照片并将其直接发送到脸书和其他平台。这些图像使他们能够回忆起自己的旅行经历，甚至在旅途中也可以通过脸书与朋友分享。

媒介学者杰伊·大卫·博特（Jay David Bolter）和理查德·格鲁辛（Richard Grusin）在他们的《补救：了解新媒介》（*Remediation: Understanding New Media*）一书中讨论了在数码相机发展之前，一直占主导地位的胶片摄影与数码摄影之间的区别：

> 如果使用数码相机拍摄图像，则不需要化学物质模拟摄影的过程。取而代之的是图像由光敏单元记录，除了以比特（bits）的形式存在外，图像永远不存在。这样的图像是照片还是计算机图形？如果图像是拍摄的传统照片，然后被扫描到计算机中并进行了数字

修饰，那么它是照片还是计算机图形？在所谓的数字摄影中，最终生成的图像被宣称为照片，并意图让观者以照片的认知方式来解读。数字摄影师以数字方式捕获图像，将计算机图形元素添加到传统的摄影图像中，或者以数字方式组合两张或更多张照片，但仍然希望我们将成品视为传统摄影的一部分。对于摄影师及其观众来说，数字摄影（如对传统胶片的数字合成和动画）是一种尝试，旨在防止计算机图形技术压倒旧媒介（2000：105）。

　　可以通过润饰胶片照片来对其进行轻微修改，并且可以对它们进行其他处理，但这个过程是困难的。尽管猫、狗和生日庆祝活动的照片，以及我们在脸书上可能被形容为"白话生活"的东西不太可能被动手脚，可是数字时代的照片"真实性"已不再是我们认为理所当然的事情。但是我们必须始终牢记，每张图像都包含拍摄者的选择。并且有很多应用程序（如 Instagram）可以使摄影师在一定程度上修改或篡改其图像。

　　因此，我们看到数码摄影的发展改变了我们看待照片的方式，并剥夺了它们以前作为现实的镜子或客观反映的地位。正如我上面提到的，照片始终受制于那些拍照的人的观点和视角，有时还受其意识形态的影响。也就是说，它们是现实的筛选图像，因此类似于油画，始终反映出制作这些画的艺术家的视角。

　　脸书和其他社交媒体所做的事情就是可以"发布"我们的图像并让大量人看到。曾经，我们的照片最终是被存放到我们购买的相册中，但现在，我们可以毫不费力地将图像提供给许多人。智能手机和某些数码相机现在具有将图像直接发送到脸书或其他社交媒体的功能，因此摄影已从一种私人的获取和保存图像的方式转变为一种非常流行的信息社交形式。同时，这项服务是需要付出代价的，脸书保留发布到其服务器上的任何图像的知识产权，这意味着用户实际上将其材料的所有权转让给脸书公司。此外，尽管脸书允许人们管理发布的图像和其他内容的隐私设置，但这些限制可能被规避。虽然脸书可能允许人们立即与朋友和家人共享照片，但是这些图像不再真正属于个人，并且不一定限于个人设置的共享人。

讨论题和进一步研究的主题

1. 你使用脸书吗？如果使用，请阐述你的理由？你如何使用脸书以及从中有何获益？它对人们的主要功能是什么？请对比其显性和潜在功能。

2. 如果可以轻松地处理图像，它们是否有助于我们记住事件？或者它们是否提供了关于过去的理想化、个性化和失真的画面？

3. 你认为我们生活在"后摄影时代"吗？数码照片是否与其他类型的计算机图形有显著不同？请解释你的理由。

4. 使用数码相机或智能手机相机记录你平日的工作，并将照片放在脸书上。在检查完照片后，你还漏掉了什么重要内容吗？照片是真实的吗？或者是为你的生活提供了理想化的图像吗？

5. 弗洛伊德主义者会如何解释人们将他们的图像发布到脸书上的原因？在脸书上发图片的人是自我推广的炫耀者吗？抑或是对分享和形成某种虚拟社区感兴趣的人呢？

第十五章

形状

牛奶盒

　　牛奶在美国文化和饮食中起着重要作用。它是美国饮食的主要内容，也是为无数代美国孩子制作的经典美国午餐便当组合的一部分：花生酱、果酱三明治和牛奶。欧洲国家的人们喝牛奶，但他们似乎更喜欢通过食用大量奶酪的方式来摄入牛奶。在许多国家，牛奶被视为婴幼儿的而非成人的饮料。现在，在许多美国人的早餐中，牛奶已被软饮料代替，这促使牛奶生产商发起了著名的"喝牛奶"运动，以刺激牛奶消费。

　　尼科尔森·贝克（Nicholson Baker）的第一本小说《夹层》（*The Mezzanine*）可谓是一部关于物质文化的喜剧小说。这本书充满了对各种常见对象经常性的离题的讨论。他在吐司、地毯、热风干燥器、耳塞、洗发水和吸管等物品上添加了长长的脚注和散漫的旁白。在《夹层》一书的第1页，他讨论了自动扶梯，然后在第4页和第5页对喝汽水的吸管加了长长的说明。

贝克在书的稍后部分讨论了牛奶盒：

> 我继续赞赏牛奶盒，而且我相信，从送到家门口的瓶装牛奶到超市买的利乐包牛奶的变化，对于我这个年龄段的人来说，都是一个重大的变化。年纪轻轻的你会一开始就习惯了新的东西，丝毫感觉不到损失；年纪稍长的人早已在之前的细小变化中耗尽懊悔的能力，对这一变化则不屑一顾。因为我是在这种传统演变的过程中成长的，所以我仍然对牛奶盒充满敬畏。它们将牛奶带到超市，在超市里，其他所有的食物都放在蜡处理过的硬纸盒中，上面写着一个实验室常见的术语"密封测试"。我是在我最好的朋友弗雷德（Fred）家的冰箱里第一次见到这项发明的（我不知道当时我多大了，可能是5岁或6岁）：那想法简直令人欣喜！你撕开了纸盒的一个三角形尖角，将它的两侧向后推开，利用封口处胶水的硬度，无须接触封口处即可迫使封口处打开，形成菱形开口，成为理想的倾倒器，比圆形瓶口或水罐口更为方便好用，因为你可以很容易地使牛奶在那个开口角上弯曲从而倒出细细的牛奶流，我对此设计极为赞赏，因为它使我提高了自己倒一杯牛奶或制作一碗麦片的能力。这个令人欣喜的主意让我既嫉妒又满足。我只记得一种可与之一争高下的纸盒折叠法，就是在平顶纸盒的一个角上内置了一个纸塞。但是这种尖顶的胜利优势……横扫一切其他选择（1988：42—43）。

贝克这里描写的是 1 夸脱（约 1 升）或半加仑（约 1.9 升）装牛奶的纸盒，但超市中的大多数牛奶都是按加仑出售的。现在，半加仑的牛奶盒大多在侧面（靠近纸盒顶部）有瓶盖，可以拧开倒牛奶。一般来说，他所描述的仪式仅适用于购买夸脱装牛奶的人。

小说中没有太多人物的动作。这本小说讲述的是叙述者对鞋带、热风烘干机以及其他各种东西的猜测，这些东西是我们日常生活的一部分，但我们很少想到它们。在小说封底的简介中写道，"本书以惊艳之笔揭示了我们与那些习以为常的物品及人际关系之间的深层关联"。书中的有趣之处来自贝克对日常生活细节的关注，例如，拉动创可贴上的红线以打开它们或装订厚厚的一沓打印纸之类的事情。他提到订书机之后，就订书机的发展历程以及我们在使用它们时经常遇到的困难做了很长的脚注。

贝克将他的视线和描写专注于我们都做过的事情，并在某些情况下还进行了详尽的细节描述，从而使读者为之震惊。他描写了日常生活中各种琐碎的小事情，并揭示了很多人和我们一样，发现创可贴很难打开，平稳地离开自动扶梯不容易或打开牛奶盒很困难。在欧洲和许多其他国家，打开牛奶盒非常困难，我和我的妻子现在随身携带一把小剪刀来做这件事。

散漫式写作（Discursive writing）是一种喜剧技巧，其核心在于打破观众对"主题会被逻辑连贯地展开"的预期。相反，作者继续讨论其他主题，然后再继续讨论另外一些主题，如果做得好，我们会觉得很有趣。散漫式写作模仿了人类的意识，从一件事跳到另一件事。但是在散漫式写作中，作者戏弄了他的读者，牵着他们的鼻子（在这里是嘴）将他们引向各种不同的地方。

我出生于 1933 年。当我在波士顿长大时，人们用马车运送牛奶，牛奶被装在玻璃瓶里出售。玻璃瓶被牛奶盒取代，牛奶盒又被塑料瓶取代了，因为 1 加仑（约 3.8 升）装牛奶的塑料瓶似乎是超市出售牛奶的主要容器尺寸。

1973 年，当我们住在伦敦时，我们通常隔天要向送奶人订购 6 瓶牛奶，所有的邻居都认为我们疯了。在阿根廷，牛奶公司使用的已经不仅仅是塑料瓶了，在那里的超市中，牛奶通常以容纳 1 升牛奶的薄塑料袋袋装出售。人们必须将袋子戳孔，然后将牛奶倒入塑料容器中才能饮用。在美国，已经开发出了一种更易于运输且更便宜的新型塑料加仑容器，它可能会在未来几年成为市场上占主导地位的牛奶容器。

动机研究者欧内斯特·迪希特在他的著作《包装：第六感》（*Packaging: The Sixth Sense*）中指出，我们对产品和包装的选择基本上是情绪化的，是由我们心理的本我元素产生的，而包装最重要的功能之一就是减轻我们对混乱的恐惧。迪希特写道，消费者普遍认为，采用规则形状的容器出售的产品象征着保护和安全，能帮助他们消解对混乱无序的潜在焦虑。他提到了瑞典的利乐公司（Tetrapak），该公司制造了看起来有点像象征稳定的金字塔一样的四边形容器。迪希特如此描写利乐公司：

> 为牛奶和其他液体设计了不规则容器，可以将其密封而无须巴氏消毒。这种容器代表不规则性并将其与不寻常的形状（尽管是几何形状）结合起来，为对混乱的恐惧提供了一个有趣的答案（1975：35）。

这些利乐容器中的牛奶经过了照射处理，所以不需要冷藏。因此，包装具有一种心理作用，它能吸引我们，而且在许多情况下，还使我们放心——我们很少有人想到牛奶容器或任何其他包装可以完成这项工作。

制造商还使用包装来欺骗购买产品的人。在许多食品中，包装的大小保持不变，而包装中的食物量却减少了几盎司左右。包装通常也很浪费。许多电子设备就采用了不必要的相对较大的包装。以软件为例，制造商经常将薄磁盘放入相对较大的书籍大小的包装中，以增加他们的产品在销售软件的商店货架上的重要性，并暗示其所出售软件的重要性。

在 1964 年的《新观察家》（ *Le Nouvel Observateur* ）上发表的题为《意义的厨房》（ *The Kitchen of Meaning* ）的文章中，罗兰·巴特谈到了常见物品的隐藏意义。他写道：

> 破译世界的符号总是意味着要与某种纯真的事物作斗争。我们所有人都如此"自然地"理解我们的语言，以至于我们从来没有想到它是一个极其复杂的系统，其符号和规则一点都不"自然"。同样，符号学也需要持续不断的观察，不是为了处理信息的内容，而

是处理内容是如何制造的：简言之，符号学家必须像语言学家一样
进入"意义的厨房"（转载于《符号学的挑战》，1988：198）。

阅读巴特的文字，我们可以看出贝克在书中所做的就是玩弄物品的
"纯真"。当符号学家进入巴特所描述的意义的厨房并打开冰箱时，他
们无疑会发现的一件物品就是牛奶盒。

讨论题和进一步研究的主题

1. 请查找多年来形状发生了变化的其他产品，并尝试找出导致其变
化的原因。

2. 请撰写一篇研究包装功能的论文，谈谈销售消费品的公司是如何
利用包装的。

3. 从罐中喝可口可乐、百事可乐或其他汽水与从瓶中喝有何不同？
请阐述你的立场。

4. 选择一个常见的物品，并以贝克的风格对其进行分析。

5. 在阿根廷，牛奶通常以塑料袋包装出售。用塑料袋包装出售牛奶
表明阿根廷人对牛奶有什么样的看法？

6. 弗洛伊德和心理分析理论家会如何解释美国所有年龄段的人群对
牛奶的热情？当我住在法国时，我的法国朋友告诉我，牛奶仅适用于儿
童。请问如何使用心理分析理论来解释每个年龄段的大量美国人都喝牛
奶这一事实？

7. 找到一个与 got milk 有关的平面广告，并请使用本书第一部分中
讨论的理论对其进行分析。

第十六章

创新的扩散

百吉饼

百吉饼是将 3 英寸（约 7.62 厘米）的酵母卷煮沸后烘烤而成的形似甜甜圈的一种面包。它为新产品从其原产地传播到其他地方的方式提供了一个有趣的例子。随着时间的推移，学会做百吉饼的地方会对其原有的特性进行某些创新而创造出新产品。传播学者埃弗里特·罗杰斯（Everett Rogers）认为存在一种创新传播的结构。他最初用玉米种子进行研究，然后将他的分析扩展到其他现象。

他的理论基本要素如下：

1. 创新成果通过传播（扩散）被传递给人们。

2. 扩散可以看作是一种特殊的传播，着重于新的过程和新的思想。

3. 由于正在传播的思想或过程是新事物，因此在扩散过程中存在一定的风险。

4. 创新通过特定渠道在一段时间内传播给某些社会团体的成员。

丹尼斯·麦奎尔（Denis McQuail）和斯文·温达尔（Sven Windahl）在其著作《大众传播模型论》（*Communication Models for the Study of Mass Communication*，1995：74）中，提出了创新扩散过程中的四要素：

> **知识**：个人可以了解创新的存在，并对创新的功能有一定的了解。
>
> **劝说**：个人对创新形成了支持或反对的态度。
>
> **决定**：个人参与会导致选择采用或拒绝创新的活动。
>
> **确认**：个人为自己做出的创新决定寻求支持力量，但如果接触到有关创新的矛盾信息，可能会推翻先前的决定。

我们可以使用扩散理论来处理百吉饼的案例。罗杰斯开发了一个模型，采用大致钟形曲线的形式来展示创新在社会中传播的方式，其中包含以下部分：

> 2% 的创新者
>
> 13.5% 的早期采用者
>
> 34% 的早期多数
>
> 34% 的后期多数
>
> 16% 的落后者

让我利用这个理论来看看百吉饼的传播吧，我们有理由相信百吉饼最初是诞生于波兰的克拉科夫，术语"百吉饼"是意第绪语 beugal

或 beygl 的英化词。它可能来自意第绪语 beigen，意为"弯曲"。17 世纪初，克拉科夫的面包师进行了创新。根据里奥·罗斯滕 (Leo Rosten) 在《意第绪语的欢乐》(*The Joys of Yiddish*) 中的说法，"百吉饼"一词首次出现在印刷物中是在 1610 年的《克拉科夫社区法规》(*Community Regulations of Cracow*) 中。该法规规定将百吉饼作为礼物送给分娩的妇女。

　　百吉饼可谓是一项创新，是一种新的物品。百吉饼是圆形的发酵面卷，制作材料通常不含鸡蛋，用麦芽糖代替白糖；制作方法是将发酵好的面团搓成条，再盘成一个中心有洞的面圈，放入加了某些香料或其他成分的水中煮几分钟，然后烘烤。这个制作过程使它们的外皮硬而内里有嚼劲，并且口感和味道十足，使许多人上瘾。在美国，百吉饼做得更大一些，通常直径为 3 英寸（约 3.72 厘米），热量大约为 300 卡路里。百吉饼通常与奶油奶酪一起食用。两汤匙奶油奶酪又为百吉饼增加了 10 克脂肪。

　　按照罗杰斯的模型，克拉科夫的犹太人和东欧的其他犹太人是百吉饼的创新者和早期采用者。19 世纪 80 年代，波兰及其他东欧国家的犹太人大规模移民美国，可能是百吉饼被引入美国生活的原因，而且百吉饼很可能首先被美国东海岸的犹太人食用，他们可以被视为早期采用者。多年以来，无论宗教信仰、社会经济阶层和种族，所有美国人都非常喜欢百吉饼，它甚至一度超过甜甜圈，成为最流行的早餐食品。我在网络上搜索百吉饼流行度时，发现了马蒂·梅伊图斯（Marty Meitus）的一篇文章——《百吉饼的受欢迎程度就像酵母不断膨胀》(*Bagel's Popularity is Rising Like Yeast*)，文中说："做个对比，我们每年吃掉甜甜圈和甜卷饼的数量是 40 亿个，而我们每年吃掉的百吉饼大约是 30

亿个。"

埃迪·戈德堡（Eddy Goldberg）的文章《百吉饼，你已经走了很长的路》（*You've Come a Long Way, Bagel*），描绘了百吉饼在美国的传播情况：

> 根据大多数业内人士（专家）的说法，百吉饼是随着来自东欧和德国的犹太移民浪潮于 19 世纪 80 年代抵达美国的，并随着移民定居纽约。尽管大多数纽约人都吃百吉饼，但直到 20 世纪 20 年代末期，它们仍然基本上只是当地的一种现象，直到波兰面包师哈里·兰德（Harry Lender）在康涅狄格州纽黑文成立了百吉饼工厂，将百吉饼放入超市，并引入冷冻百吉饼。
>
> 美国百吉饼发展的另一个重要阶段是 1983 年。那一年诺德·布鲁（Nord Brue）和迈克·德瑟尔（Mike Dressell）在纽约州特洛伊创立了布鲁格公司（Bruegger's），该公司声称当时距离百吉饼传入美国已过去一个世纪，但尝过这种食物的美国人只有不到 1/3。布鲁格将原本只是社区外卖店的百吉饼店铺，转型拓展成了如今我们熟知的、拥有更丰富菜单的快捷餐饮连锁品牌。
>
> 在接下来的几十年里，先煮后烤的百吉饼开始征服美国，而且经常因其传播到不同地方而产生各种变化。但是，许多新产品因其柔软耐嚼的口感和圆圆的外形吸引了众多的顾客。随着百吉饼在 20 世纪 80 年代和 90 年代流行起来（由于百吉饼专营店数量的迅速增加所致），美国的主流消费者了解了百吉饼切片的吃法，全国急诊室因此出现了手伤病例激增的情况。从那时起，随着人们对百吉饼切片技术熟悉程度的增加以及百吉饼切片设备的普及，百吉饼爱好

者的受伤率降低了。

到 2002 年，美国人口普查局报告称，全国有 3200 多家百吉饼商店，年销售额高达 13 亿美元，拥有 30000 多名员工。2005 年，仅布鲁格一家公司就建立了 250 个销售点，拥有约 100 个加盟商，每年生产约 7000 万个百吉饼，收入超过 1.5 亿美元。

这篇文章为我们提供了关于百吉饼受欢迎程度增长的一个视角，这种增长几乎一直持续到今天。百吉饼已经遍及世界。我记得最近访问日本时看到百吉饼的招牌。百吉饼在任何犹太人生活的地方都很流行。在许多犹太人中，奶油奶酪和熏鲑鱼配着百吉饼吃是一种神圣的传统，它们通常在星期六早上"祁福式"（Kiddush）❶结后的午餐时被端上桌。在这个午餐上，犹太人能够互相交流，并在会众中建立一种社区意识。

许多不属于犹太教的犹太人通过吃百吉饼、奶油奶酪和熏鲑鱼以及其他犹太食品来维持与犹太教的联系。他们是"文化犹太人"，他们可能与犹太团体没有联系，但仍然将自己视为犹太人，并通过吃百吉饼、奶油奶酪和熏鲑鱼早餐来证明这一点。

美国人类学家斯坦利·雷格森（Stanley Regelson）对百吉饼、奶油奶酪和熏鲑鱼的象征意义进行了有趣的分析。在他的文章《百吉饼：早餐桌上的象征和仪式》（*The Bagel: Symbol and Ritual at the Breakfast Table*）中，他讨论了"美国犹太人在星期天早上配着百吉饼吃熏鲑鱼和奶油奶酪的习俗的显著增长"（引自 W·阿伦斯和苏珊·蒙塔格，《美国维度：文化神话和社会现实》，*The American Dimension: Cultural Myths and Social Realities*，1976：124）。他讨论了犹太文化中的各种

---

❶ 祁福式是犹太人节日和安息日前夕的祝福仪式。

禁忌。这些禁忌要求犹太教信徒不要同时吃牛肉和奶制品（以及牛奶制成的食品）。该禁令来自《摩西五经》，告诫犹太人"不可用山羊羔母的奶煮山羊羔"。

雷格森列举了犹太教中发现的许多二分法，例如，神圣和亵渎、犹太洁食和特雷夫（非犹太洁食）、天与地、男性和女性、乳制品（犹太语 milkhik）和肉类（犹太语 flesyshik）等都在日常生活中影响着谨慎遵守教规和习俗的犹太人。他用这些主题来支持他的论点："百吉饼的形状象征性地代表了介于世俗与神圣之间的中心点。（1976：133）"然后，他讨论了犹太人的一个观念，即世界末日来临之时，弥赛亚会到来，届时犹太人认为是有罪的行为，例如，同时吃肉和乳制品（如芝士汉堡）是会被接受的，因为弥赛亚是"允许禁止者"。

该讨论非常重要，因为它影响了雷格森对百吉饼、熏鲑鱼和奶油奶酪的讨论：

> 熏鲑鱼与其他腌制鱼制品的不同之处在于它像血一样红。鱼肉剔透的红色与奶酪的乳白色配在一起，形成了鲜明的对比。确实，儿童经常因为不喜欢熏鲑鱼类似生肉的外观而拒绝吃它。这两种食物在一起会产生视觉冲击。尽管熏鲑鱼和奶油奶酪的搭配是允许的，但其外观似违反了乳汁和牛肉的强烈禁忌。

> 这个暗示可以在另一个方面得到支持。因为在许多其他文化中，白色与红色的礼仪用法分别指男性和女性。《塔木德》（Talmud）几乎直白地阐明了这一观念。"白色物质……是由男人提供的，从其而得孩子的大脑、骨头和筋骨；红色的物质是由女人提供的，从其而得孩子的皮肤、肉和血液。"（1976：135）。

雷格森经过更多讨论后解释说，百吉饼、熏鲑鱼和奶油奶酪组合的真正意义在于，它们象征性地代表了消除统治社会行为的所有禁令的新仪式，这标志着弥赛亚已经来临。百吉饼、熏鲑鱼和奶油奶酪的食用者并不了解他们所做的一切的全部意义。他认为吃百吉饼、熏鲑鱼和奶油奶酪的各种犹太人都借此"证实了他们对弥赛亚信仰基本结构的坚持……简而言之，潜意识地表达了宗教信仰和种族认同。（1976：137）"，从而肯定了他们的犹太身份。

对于不熟悉符号的把戏和潜意识的复杂性以及如何将其应用于犹太人及其与宗教之间复杂而纠结的关系的人们，雷格森的分析似乎有些牵强。一个吃百吉饼配熏鲑鱼和奶油奶酪的非犹太人，不过是在吃一顿丰盛、美味又高热量的食物。从精神分析的角度来看，当犹太人吃百吉饼加熏鲑鱼和奶油奶酪时，除了反映了潜意识的确认其宗教身份的需要外，还可能反映出人们渴望通过吃点似乎违反了律法的东西（熏鲑鱼等于肉）来摆脱犹太饮食律法的束缚。这就是弗洛伊德所说的"本我体验"，它挣脱了我们的超我的约束。超我会告诉我们避免高热量的食物。一个4.5英寸（约11.43厘米）的百吉饼约有340卡路里；3盎司（约85克）的熏鲑鱼有100卡路里；1汤匙的奶油奶酪约有50卡路里。因此，假设人们在百吉饼上摆放的熏鲑鱼不超过3盎司，涂抹的奶油奶酪不超过50卡路里，那么这种组合的热量将达到近500卡路里。虽然身在异乡，也可以通过显示对犹太教的依恋，来证明其行为的合理性，从而满足超我。弗洛伊德说孩子是成人的父亲。那么有理由认为我们小时候吃的百吉饼的味道就被"烙印"在我们身上（克洛泰尔·拉帕耶的术语），因此在我们成年后的生活中起着重要作用，使我们不知不觉中暂时回归我们体验了无条件的爱的童年快乐时光。

从符号学上讲，对于犹太人来说，百吉饼、熏鲑鱼和奶油奶酪的组合可能被视为象征一个人的犹太背景，但不一定是对犹太教的信仰。许多犹太人不隶属于任何犹太会堂，除了继续食用儿时熟悉的传统食物，他们与犹太教的联系已所剩无几。我们小时候吃的食物对我们成年后的生活有着重要影响。

社会学家将行为的显性或明显含义与行为的隐性或隐含含义区分开来。对于犹太人来说，百吉饼、奶油奶酪和熏鲑鱼组合的显性功能可能是为了满足饥饿感或肯定自己与犹太文化身份的关系，但隐性功能通常涉及社会交往，因为百吉饼、奶油奶酪和熏鲑鱼的组合经常在星期六早上许多犹太教堂进行礼拜之后的"祁福式"午餐上出现，所以，百吉饼、奶油奶酪和熏鲑鱼可以帮助人们建立关系，并加强他们之间已有的联系。

讨论题和进一步研究的主题

1. 请问你如何解释百吉饼在非犹太人中的流行？

2. 找一下至今仍没有百吉饼的国家？请问你对此怎么解释呢？

3. 百吉饼是怎样演变的？新型百吉饼是进步还是倒退的迹象？请解释你的看法。

4. 雷格森对百吉饼、奶油奶酪和熏鲑鱼的分析对你来说是合理的还是牵强的？请解释你的看法。

5. 人们吃百吉饼配熏鲑鱼有什么用处，能够产生什么满足感？百吉饼配熏鲑鱼对人，特别是对犹太人有什么作用？

6. 请从符号学的角度描述百吉饼配熏鲑鱼和奶油奶酪的内涵和外延。

7. 请使用本书中讨论的所有理论，对百吉饼和甜甜圈以及偏爱其中之一的人们进行对比和比较。

8. 请做神话模型游戏，并以百吉饼为例说明日常生活行为。

9. 百吉饼只是由单一种族社区的食物成为主流文化食品的一个例子。其他例子包括墨西哥卷饼、寿司和印度咖喱鸡。请问你的亚文化有没有出现这样的全球化食品？你对他人在不了解饮食文化的情况下采用你们的饮食方式感觉如何？

第十七章

叙事
日本漫画

　　叙事在我们的生活中起着重要作用。我对叙事的定义是通常具有线性或顺序结构的故事，它们遍及我们的媒介、流行文化、对话和梦境。我们在电视上观看的广告通常都是叙事，我们在日报上阅读的漫画、收看的电视剧以及在剧院或家里观看的电影也是如此。笑话是叙事，歌曲也是。弗洛伊德认为，我们的梦是图像的集合，一旦我们讲述它们时，它们就变成了叙事。因此，我们花费了大量时间来观看和倾听叙事。

　　劳雷尔·理查森（Laurel Richardson）在叙事上进行了广泛的写作，她阐述了叙事的意义："叙事是人类将经历组织成具有时间意义的情节的主要方式。叙事既是推理的模式又是表现的模式。人们可以通过叙事'理解'世界，也可以通过叙事'讲述'世界。（1990：118）"她补充说，"根据杰罗姆·布鲁纳（Jerome Bruner，1986）的说法，叙事推理是基本而普遍的两种人类认知模式之一。"

我想研究一种特殊的叙事——日本漫画中的那种叙事。伊藤健子（Kinko Ito）在她的文章《成长的日本人阅读漫画》（*Growing Up Japanese Reading Manga*）中描述了日本漫画产业的规模：

> 漫画在日本确实是一门庞大且有利可图的生意。根据《1999年出版资料年报》（*1999 Shuppan Shishyo Nempo*）显示，1998年日本出版了278种不同的漫画杂志（周刊、月刊、特刊、增刊等），总发行量为14.7亿册，销售额约为54亿美元。仅漫画书的销售额就高达23亿美元。漫画是一种负担得起的大众娱乐活动，占日本图书/杂志市场34%的份额（2004：392）。

2012年，漫画的销售额大幅增长：

> 市场研究公司奥利空（Oricon，日本公信榜）报道，与上一年相比，2012年漫画图书（单行本）的销售额下降了1.5%，跌至2675亿日元（约合28.86亿美元）。这是奥利空自2009年开始对日本的图书销售进行年度统计以来，首次记录到的销售额下降。

伊藤指出，虽然孩子通常会在5~8岁开始阅读漫画，但是早至3岁的孩子已经开始阅读漫画，而且漫画也受到许多日本老年人的欢迎。对于日本人来说，漫画是社会化的重要推动者。正如伊藤解释的那样，"日本人通过阅读漫画体验各种事件、社会情境和情绪时，他们不仅娱乐自己，而且学习社交技能并获得日常生活必需的实用信息和知识"
（2004：392-393）。

　　漫画种类繁多，涵盖了从体育、职业、爱情到性的所有内容，并且
漫画中的一些性行为描绘非常详尽。许多漫画中还存在大量暴力，这
现象很有趣。近年来，由于日本的出生率下降，漫画的销售也下降了。
20世纪80年代是漫画的黄金时代，其统计数字是惊人的。李·洛夫迪
（Lee Loveday）和千叶里美（Satomi Chiba）在20世纪80年代有关漫
画的文章《论日本漫画视觉文化的发展》（*Aspects of the Development
Towards a Visual Culture in Respect of Comics: Japan*）中提供了一些
有关1986年漫画受欢迎程度的统计数据（表17-1）。她们的文章载入
《漫画和视觉文化》（*Comics and Visual Culture*，1986：158）。

表 17-1　1986 年漫画受欢迎程度统计数据

数据	分类
300 种	常规出版的漫画种类
2.72 亿本	周刊销售量
9.3 亿本	1981 年的漫画杂志销售量
13%	高中生每周零用钱花在漫画上的比例
42%	日本高中生收藏书籍中漫画占比

据估计，日本蓝领工人大约有 1/3 的闲暇时间在看漫画。因此，我们可以认为，尽管日本人读了很多书，但他们读的大部分都是漫画。

日本人通勤要花很长的时间，而漫画帮助他们摆脱了路途的无聊和单调。由于迷恋漫画，即使不是痴迷，日本人现在生活在他们所说的"视觉文化"中，主导它的是视觉现象。漫画大约占日本所有销售书籍的 1/3。这一事实表明，尽管日本的识字率非常高（漫画可能在帮助日本儿童学习语言方面发挥着重要作用），并且有一些漫画也是重要的艺术作品，但日本公众所读到的大部分内容却没有很高的文学性。

爱德华·雷绍尔（Edward Reischauer）和马里乌斯·詹森（Marius B. Jansen）在他们的著作《当代日本人》（*The Japanese Today*，1994：222-223）中推测了漫画的文化意义：

> 曾经，在火车上、在候车室里，在任何条件允许的时间和地点，都可以见到日本人阅读的身影。他们可能被称为世界上"读书最多"的人。但是，这些以前的读者中的许多人现在已经沉迷于漫画。最初，漫画只受儿童欢迎，逐渐地，漫画热开始传播到大学生，如今可以看到稳重的企业家和家庭主妇也对它爱不释手。漫画

种类丰富，从富有想象力的各种冒险故事到让人不忍释卷的爱情故事。这种现象背后的含义实在难以捉摸：或许是纸质读物吸引的受众范围扩大，或许是电视导致人们注意力持续时间缩短、审美品位下降，又或许是被学业和工作压得喘不过气的人们对深度阅读产生了抵触，甚至可能是大众社会日趋庸俗化的表征。

我们可以认为作者给出的所有理由都是正确的，但是现在全世界的人们都在阅读漫画，因为他们从中获得了巨大的满足感。伊藤在采访日本人对漫画的态度时发现，日本人对漫画的感受非常强烈，并且经常与喜爱同种漫画的人交往。此外，她解释说："许多有趣的漫画故事会产生毒品和肥皂剧的作用：它们极易上瘾"（2004：402）。与电子游戏一样，漫画之所以令人沉迷，在于它能持续为读者提供他们内心渴求的、阈值不断增加的满足感。

我们可以采用"用途与满足感"的方法分析漫画，以帮助我们了解为什么漫画如此受欢迎。这种方法具有社会学意义，其重点不在于受到漫画（或其他媒介中的其他种类的文本）的影响，而在于被这些文本吸引的人们使用它们的方式。我想谈谈漫画提供的一些更重要的用途和满足感。

娱乐：漫画通过有趣的叙事来娱乐读者。

在无罪恶感的环境中体验极端的情绪：许多漫画充满了暴力和性，但读者在阅读这些内容时不会感到内疚。

寻找消遣和分散注意力：漫画中的故事将人们吸引到它们的世界中，让读者摆脱日常生活的重担和忧虑，即使只有片刻。

以无风险的方式获得释放的出口：性在许多漫画中扮演着重要

角色，这有助于缓解读者的冲动和欲望。

与他人分享经验：看相同漫画的人可以彼此交谈漫画的内容，就像看相同电视节目的人经常谈论他们所看的节目一样。

从弗洛伊德的精神分析角度来看，漫画属于"本我"文本——作为虚构作品，它们得以摆脱"超我"的束缚。这种特性使漫画读者的"自我"能够抵御"超我"的压制，因为漫画作为一种艺术形式，既发挥着精神宣泄的作用，又让读者得以用文化认可的方式处理其冲动。甚至有人可能认为漫画与梦相似，同样为学者们提供了对日本人心态的宝贵见解。

就像日本文化的许多其他方面一样，漫画已经传播到其他文化中。2007 年，美国的漫画迷在漫画上就花费了 2 亿美元。漫画和日本动漫的传播可以通过创新的传播理论来理解。漫画在日本流行文化的全世界传播中起着重要作用，现在许多人都在读漫画、追动漫，在日本电动游戏机上玩日语电动游戏以及在日本餐厅用餐。日本漫画和其他日本流行文化产品对全球产生重要影响。在日本期间，我制作了一些关于节日、街头小吃和漫画等主题的短视频，并将它们放到 YouTube 上。似乎只有与漫画相关的视频才引起人们的兴趣。我经常看到有人在漫画视频下发表评论，如"天堂"或"我渴望去那里"之类。这些评论表明，漫画在美国乃至其他国家人们的生活方式中都产生着影响。

讨论题和进一步研究的主题

1. 叙事在你的生活中扮演什么角色？在寻常的一天中，你会接触到多少种叙事？其中占主导地位的又是哪种？

2. 请调查漫画在日本的受欢迎程度。近年来，日本的漫画销量正在下降，请阐述原因。

3. 漫画在美国流行的受众是谁？漫画之所以吸引美国人的原因是什么？漫画到底是吸引了美国人还是主要受到居住在美国的日本人的青睐？

4. 精神分析理论家如何解释极端暴力和超级性漫画在日本等非暴力和保守的文化中的流行？请在对精神分析理论家的相关文章和书籍的研究基础上分析这个问题。

第三部分

物质文化游戏

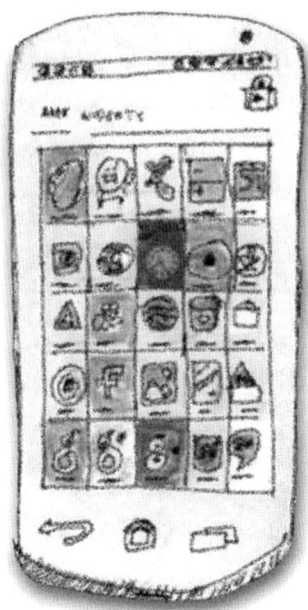

人造物清单游戏

　　请在图表中列出你拥有的 24 件人造物和物品（电子产品、时尚物品、化妆品等），并详细说明其品牌。完成列表后，请说明你认为它传达了你的什么信息。请在清单上写下你的姓名缩写，然后将清单交给你的老师，老师将整理清单并将其分发给你的同学。这个游戏的目的是观察你的同学对清单的哪些内容感兴趣，以及这些兴趣点能反映出清单创建者的哪些特质。

1.	2.	3.
4.	5.	6.
7.	8.	9.
10.	11.	12.
13.	14.	15.
16.	17.	18.
19.	20.	21.
22.	23.	24.

时间囊游戏

《兰登书屋英语词典》（无删节版）对"时间囊"的解释是"一种存放着代表当下时期的文件或物品的容器，通常被埋入地基或泥土中，以供未来发现"。

请列出你将要放入时间囊并埋在校园里的 15 种物品。在选择时间囊物品时，应注意以下事项：

1. 你是否在避免某种潜意识的偏见？

2. 在 50 年或 100 年后挖出时间囊的人是否能够理解你放在其中的物品？

3. 你的选择涵盖了最重要的物品类别吗？

4. 你的选择应包括食物、饮料、媒体设备等。

5. 将物品按照其重要性依次放入时间囊中。

1.	2.	3.
4.	5.	6.
7.	8.	9.
10.	11.	12.
13.	14.	15.

物品的学科视角

在本练习中，我们应用符号学、社会学、精神分析理论来分析各种物品。以下列出了一些重要概念和理论。你的任务是确定哪个概念最适合用来分析物品。请解释你应用在给定对象上的每个概念的用法。

无意识	标志	异化
本我	能指	阶级冲突
自我	所指	统治阶级
超我	标志	虚假意识
意识	索引	炫耀性消费
潜意识	有功能的	新教禁欲主义
俄狄浦斯情结	功能失调的	铁笼
防御机制	隐性功能	光晕
矛盾性	显性功能	本真性
否认	人种	后现代主义
癖（痴迷）	种族	现代主义
认同	性别	文化密码
合理化	等级制精英	格/群理论
回归	个人主义者	神话
抑制	平等主义者	神圣的
口腔期	宿命主义者	亵渎的
肛门期	需求	功能替代
性器期	欲望	文化
生殖器期	时尚	品位文化

物品的学科观点

物品	精神分析	符号学分析	社会学分析
巨无霸（汉堡）			
苹果音乐播放器			
勃肯鞋			
比克剃须刀			

格／群理论与物品游戏

正如本书前面所解释的，格／群理论认为，有 4 种生活方式决定着我们的购物行为。找到适合每种生活方式的物品并填入空格中。请说明所有选择的合理性，并对品牌详细说明。

物品	等级制精英	求胜心切的个人主义者	平等主义者	宿命主义者
书籍	《小王子》	《你是第一位的》	《我好，你好》	《巴黎伦敦沉浮记》
蓝色牛仔裤				
跑鞋				
杂志				
音乐光盘				
手机				
手表				
自选物品				

物品与个人身份游戏

在这个游戏中，老师将给班上每个人一个相同的小牛皮纸袋。在纸袋中放一个你认为能反映你个性的物品。准备一张纸，写下你的名字，并列出你认为该物品所体现出的你的特点。

游戏玩法如下：老师将在课堂上展示该物品，每个人都将尝试辨别该物品中反映了你的哪些特点。游戏的有趣之处在于看看同学们在该物品中发现的你的特点是否与你自己在纸上列出的内容相似。

举个例子：当我在课堂上玩一个类似的游戏时（他们可以使用他们想用的任何东西），一位女生在她的纸袋里放了长约 6 英寸（约 15.24 厘米）的贝壳。当我问全班学生贝壳反映哪些特点时，他们想到了"空""不育"和"死"等词语。而她在清单上列出的词语是"自然的""简单的"和"美丽的"。这个游戏揭示了一个深刻的道理：我们试图通过衣着打扮和随身物品向外界传递的个人信息，未必能被他人准确解读。

象征物游戏

在这个游戏中，我列出了一些概念（严格来说是所指），例如，爱、恨和异化，并要求学生找到反映该概念的物品（严格来说是能指）。在某些情况下，学生需要一个物品或能指的组合才能玩游戏。该游戏可以布置为家庭作业，但在课堂上进行效果更好。由 3 个学生组成团队来玩此游戏，每个人必须对每个概念都有清晰的定义。举个例子：特工人员。

象征物

特工人员 装有消音器的手枪 宽边软帽 快速跑车	浪漫爱情	恨	焦虑
异化	法国特点	恐怖	恐惧
美国特点	自恋	权力	自选概念

学科写作练习

假设你为这些期刊撰文（一次），并使用适合该期刊的概念和理论对你拥有的物品进行分析。我建议你对《社会符号》（*Signs in Society*）一书进行符号学分析，然后再选择其他物品。务必确保在选择的每个学科领域中都运用到若干核心概念。这两篇分析中哪一篇最难写？哪一篇最发人深省？

符号学：《社会符号》

弗洛伊德学说：《心理与社会》（*Psyche and Society*）

社会学：《社会知识》（*Social Knowledge*）

人类学：《文化密码》（*Culture Codes*）

考古学：《人造物》（*Artifactia*）

当你受邀为这些杂志写同一物品的两种不同解释时，你会发现分析不是凭空臆想，而是基于作者对事物的处理方式。如果你发现此练习很有趣，则可以选择另外 2 个物品，并针对同一物品写出 4 个不同的学科分析。

分析人造物广告游戏

下面，我提供了分析印刷广告时要考虑的主题清单。请使用此清单来分析下面的广告，分析时请考虑具有不同学科观点的人们如何看待广告。

老师可能会要求学生查找其他广告并自行分析。我通常将班级分成三人一组，请他们看看在给定的广告中可以发现什么。我给他们 5~10 分钟的时间进行分析；然后，将广告传给另一个组，看看他们发现了什么。在 2~3 个组完成分析之后，我们将讨论每个组在广告中找到的内容。该清单改编自我的《广告、时尚和消费者文化》（*Ads, Fads and Consumer Culture*）一书。分析广告时无须涵盖所有这些考虑因素，但是该清单提供了多个值得思考的维度。

平面设计

1. 你如何描述广告的平面设计？

广告词的数量

2. 相对于绘画作品的数量，有多少广告词？这种关系是否在某方面具有意义？

空白空间的使用

3. 广告中是否有大量空白（留白）空间，或广告是否充满图形和文字材料？那分别意味着什么？

广告中颜色的使用

4. 如果照片是彩色的，什么颜色是主色？你认为这些颜色有什么意义？

广告中显示的人物

5. 你如何描述广告中的人物？请考虑人物的面部表情、头发颜色、头发长度、头发造型、时尚等因素。

广告中隐含的叙事方面

6. 广告中发生了什么？照片中的"动作"暗示什么？

符号学方面：标志、能指、图标、索引、符号

7. 照片上是否有任何标志或符号？如果有，它们的作用是什么？

语言和修辞手段的使用

8. 广告中的语言如何使用？提出了哪些论点？使用了哪些修辞手法？

字体的意义

9. 广告中使用的不同的字体分别给你留下了怎样的印象？

广告主题

10. 广告中的基本"主题"是什么？这些主题与广告所隐含的故事有何关系？

广告的目标受众

11. 正在宣传的是什么产品或服务？谁是此产品或服务的目标受众？

广告中体现的文化价值观和信仰

12. 广告中体现了哪些价值观和信念？爱国主义，母爱，兄弟情谊，成功，权力，好品位？

理解广告所需的背景信息

13. 要准确理解这则广告，是否需要了解某些背景信息？

本我 / 自我 / 超我客体游戏

我在这个游戏中提供了许多不同种类的物品可供使用。请利用弗洛伊德关于本我、自我与超我的理论，在图表的每个空格中放置带有品牌名称的特定物品。记住，弗洛伊德认为，本我反映了欲望和性欲；自我代表了认识现实，并在本我与超我之间进行调解；超我则代表了内疚与良知。这些物品可能并不完全适合，因此我们可以说它们代表了我们心理的类似于本我、自我和超我的方面。请具体说明书籍和电子游戏等物品的名称。

本我 / 自我 / 超我物品

话题	本我	自我	超我
书籍			
电子游戏			
杂志			
香水			
音乐专辑			
软饮料			
自选话题			

物品功能游戏

在对功能主义的讨论中，我指出，社会学家使用该术语来表示有助于维护它所在的任何制度。如果某事物对它所在的实体造成了问题，我们说它是功能失调的；如果它不起作用，我们说它是无功能的。此外，社会学家使用术语"显性功能"来描述实体的创建目的，而使用术语"隐性功能"来描述实体意想不到和无法识别的功能，社会学家也使用术语"功能替代"来描述做某事的其他方式。在这个游戏中，我提供了一个物品，请你研究它的显性功能和隐性功能，以及它的功能替代。

物品的功能

物品	显性功能	隐性功能	功能替代
可口可乐			
苹果音乐播放器			
百威淡啤			
香奈儿 5 号			
比基尼			
蓝色牛仔裤			
自选物品			

神话模型游戏

在这个游戏中，我们选用一个神话并找到了一个与之关联的物品。与我之前对普罗米修斯的神话和点烟器做的尝试相似。这里有一些重要的圣经故事和神话可供考虑：

大卫与歌利亚	约拿与鲸鱼
那耳喀索斯（美少年）	力士参孙
赫拉克勒斯（大力神）	阿喀琉斯
亚当与夏娃	弥达斯
丘比特	俄耳甫斯
巴别塔	忒修斯和弥诺陶洛斯
伊卡洛斯	诺亚方舟
美杜莎	墨丘利
奥德修斯	俄狄浦斯
西西弗斯	狄奥尼索斯

如果你找不到可以完全填满模型的物品，也不必因此停止游戏。重要的是找到神话故事或圣经故事与日常生活物品之间的联系。

模型	神话 1	神话 2	神话 3	神话 4
神话形象				
精神分析理论				
历史事件				
精英文化				
大众文化				
日常生活				

参考文献

[1] Ante, Spencer E.
"Smartphone Upgrades Slow as 'Wow' Factor Fades,'
July 17, 2013, B1.
Wall Street Journal.

[2] Baker, Nicholson. 1988.
The Mezzanine.
New York: Weidenfeld & Nicholson.

[3] Bakhtin, M. M. (trans. C. Emerson and M. Holquist).
1981.
The Dialogic Imagination.
Austin: University of Texas Press.

[4] Barthes, Roland (trans. Annette Lavers). 1972.
Mythologies.
New York: Hill and Wang.

[5] Barthes, Roland (trans. Richard Howard). 1982.
Empire of Signs.
New York: Hill and Wang.

[6] Barthes, Roland (trans. Richard Howard). 1988.
The Semiotic Challenge.
New York: Hill and Wang.

[7] Bateson, Gregory. 1972.
Steps to an Ecology of Mind.
New York: Ballantyne.

[8] Baudrillard, Jean (trans. James Benedict). 1968/1996.
The System of Objects.
London: Verso.

［9］ Benjamin, Walter.
        "The Work of Art in the Age of Mechanical Reproduc-tion" in Mast, Gerald and
            Marshall Cohen (eds.)
        Film Theory and Criticism. 1974.
        New York: Oxford University Press.

［10］ Berger, Arthur Asa (ed.) 1974.
        About Man: An Introduction to Anthropology.
        Dayton, OH: Pflaum/Standard.

［11］ Berger, Arthur Asa. 1999.
        Signs in Contemporary Culture: An Introduction to Semiotics.
        Salem, WI: Sheffield.

［12］ Berger, Arthur Asa. 2005.
        Shop 'Til You Drop: Consumer Behavior and American Culture.
        Lanham, MD: Rowman & Littlefield.

［13］ Berger, John. 1978
        Ways of Seeing.
        London: British Broadcasting System and Penguin Books.

［14］ Berger, Peter and Brigitte Berger. 1972.
        Sociology: A Biographical Approach.
        New York: Basic Books.

［15］ Bettelheim, Bruno. 1977.
        The Uses of Enchantment.
        New York: Vintage.

［16］ Bolter, Jay, David and Richard Grusin. 2000.
        Remediation: Understanding New Media.
        Cambridge, MA: MIT Press.

［17］ Boorstin, Daniel. 1961/1975.
        The Image: A Guide to Pseudo-Events in America.
        New York: Atheneum.

［18］ Bosman, Julie.
        "E-Book Sales a Boon to Publishers," May 15, 2013.
        New York Times.

［19］ Brenner, Charles. 1974.
        An Elementary Textbook of Psychoanalysis.

　　　　　Garden City, NY: Doubleday.

［20］ Brooks, David.
　　　　　"Lord of the Memes," August 8, 2008.
　　　　　New York Times.

［21］ Caple, Chris. 2006.
　　　　　Objects: Reluctant Witnesses to the Past.
　　　　　New York: Routledge.

［22］ Coser, Lewis. 1971.
　　　　　Masters of Sociological Thought.
　　　　　New York: Harcourt Brace Jovanovich.

［23］ Culler, Jonathan. 1976.
　　　　　Structuralist Poetics: Structuralism, Linguistics, and the Study of Literature.
　　　　　New York: Cornell University Press.

［24］ Danesi, Marcel. 2002.
　　　　　Understanding Media Semiotics.
　　　　　London: Arnold.

［25］ Danesi, Marcel (ed.) 2013.
　　　　　Encyclopedia of Media and Communication.
　　　　　Toronto: University of Toronto Press.

［26］ Dichter, Ernest. 1960.
　　　　　The Strategy of Desire.
　　　　　London: Boardman.

［27］ Dichter, Ernest. 1975.
　　　　　Packaging: The Sixth Sense?
　　　　　Boston: Cahners Books.

［28］ Douglas, Mary.
　　　　　"In Defence of Shopping" in Falk, Pasi and Colin Campbell (eds.)
　　　　　The Shopping Experience. 1997.
　　　　　London: Sage.

［29］ Doyle, A. Conan. 1975.
　　　　　The Adventures of Sherlock Holmes.
　　　　　New York: A & W Visual Library.

［30］ Dunham, Deborah.

"The Price of Pretty: Women Spend $50,000 on Hair Over Lifetime."
main.stylelist.com/2010/03/29/the-price-of-pretty-women-spend-50-000-
    on-hair-over-lifetime/

[31] Durham, Meenashiki Gigi and Douglas Kellner (eds.). 2001.
       Adventures in Media and Culture Studies: Introducing the KeyWorks.
       Malden, MA: Blackwell.

[32] Durkheim, Emile (trans. J. W. Swain). 1915/1965.
       The Elementary Forms of Religious Life.
       New York: Free Press.

[33] Eco, Umberto. 1976.
       A Theory of Semiotics.
       Bloomington: Indiana University Press.

[34] Eliade, Mircea (trans. W. R. Trask). 1961.
       The Sacred and the Profane: The Nature of Religion.
       New York: Harper & Row.

[35] Erikson, Erik. 1963.
       Childhood and Society. 2nd Edition.
       New York: W. W. Norton.

[36] Ewen, Stuart. 1976.
       Captains of Consciousness: Advertising and the Social Roots of Consumer Culture.
       New York: McGraw-Hill.

[37] Ewen, Stuart and Elizabeth Ewen. 1982.
       Channels of Desire: Mass Images and the Shaping of American Consciousness.
       New York: McGraw-Hill.

[38] Fairchild, Henry Pratt. 1966.
       Dictionary of Sociology and Related Sciences.
       Totowa, NJ: Littlefield, Adams.

[39] Falk, Pasi and Colin Campbell (eds.). 1997.
       The Shopping Experience.
       London: Sage.

[40] Fishwick, Marshall and Ray B. Browne (eds.). 1970.
       Icons of Popular Culture.
       Bowling Green, OH: Bowling Green University Popular Press.

［41］ Freud, Sigmund.
"Psychoanalysis" in Rieff, Philip (ed.)
Freud: Character and Culture. 1963.
New York: Collier.

［42］ Freud, Sigmund. 1953.
A General Introduction to Psychoanalysis.
Garden City, NY: Permabooks.

［43］ Frisby, David and Mike Featherstone (eds.). 1997.
Simmel on Culture.
London: Sage.

［44］ Gamble, Clive. 2005.
Archaeology: The Key Concepts.
London: Routledge.

［45］ Gans, Herbert J. 1974.
Popular Culture and High Culture: An Analysis and Evaluation of Taste.
New York: Basic Books.

［46］ Geertz, Clifford. 2000.
The Interpretation of Cultures.
New York: Basic Books.

［47］ Girard, René. 1991.
A Theater of Envy: William Shakespeare.
New York: Oxford University Press.

［48］ Goldberg, Eddy.
"You've Come a Long Way, Bagel."

［49］ Goldman, Robert and Stephen Papson. 1996.
Signs Wars: The Cluttered Landscape of Advertising.
New York: Guilford.

［50］ Gottdiener, Mark. 1995
Postmodern Semiotics: Material Culture and the Forms of Postmodern Life.
Cambridge, MA: Blackwell.

［51］ Grotjahn, Martin. 1971.
The Voice of the Symbol.
New York: Delta Books.

［52］ Hall, Stuart (ed.). 1997.
Representation: Culture Representation and Signifying Practices.
London: Sage.

［53］ Haug, Wolfgang. 1987.
Commodity Aesthetics, Ideology & Culture.
New York: International General.

［54］ Henry, Jules. 1963.
Culture Against Man.
New York: Vintage Books.

［55］ Hinsie, L. E. and R. J. Campbell. 1970.
Psychiatric Dictionary.
New York: Oxford University Press.

［56］ Huizinga, Johan. 1924.
The Waning of the Middle Ages.
Garden City, NY: Anchor.

［57］ Ito, Kinko.
"Growing Up Japanese Reading Manga," Vol. 6, No. 2, Fall, 2004.
InternationalJournal of Comic Art.

［58］ Jensen, Gordon and Luh Ketut Suryani. 1992.
The Balinese People: A Reinvestigation of Character.
New York: Oxford University Press.

［59］ Johnson, Wendell. 1946.
People in Quandries.
New York: Harper & Brothers.

［60］ Joinson, Adam N.
"Looking up" or "Keeping Up With" People? Motives and Uses of Facebook.

［61］ Kang, Stephanie.
"Bottom Lines," September 6, 2006.
Wall Street Journal.

［62］ Klapp, Orrin. 1962.
The Collective Search for Identity.
New York: Holt, Rinehart and Winston.

［63］ Koenig, Rene. 1973.

The Restless Image: A Sociology of Fashion.
London: George Allen & Unwin.

[64] Lefebvre, Henri. 1971.
Everyday Life in the Modern World.
New Brunswick, NJ: Transaction.

[65] Leroy-Gourhan, Andre. 1964-1966.
Le Geste et la Parole. Two Volumes.
Paris: Albin Michel.

[66] Leung, Louis and Ran Wei.
"More Than Just Talk on the Move: Uses and Gratifications of the Cellular Phone,"
   Summer, 2000.
Journalism and Mass Communications Quarterly.

[67] Loveday, Lee and Satori Chiba.
"Aspects of the Development Towards a Visual Culture" in
Alphons Silbermann (ed.)
Comics and Visual Culture. 1986.
Berlin, Germany: Walter de Gruyter.

[68] Lunenfeld, Peter. 2000.
The Digital Dialectic: New Essays on New Media.
Cambridge, MA: MIT Press.

[69] Lyotard, Jean Francois (trans. G. Bennington and B. Massumi). 1984.
The Postmodern Condition: A Report on Knowledge.
Minneapolis: University of Minnesota Press.

[70] McLuhan, Marshall. 1951.
The Mechanical Bride: Folklore of Industrial Man.
Boston: Beacon.

[71] McLuhan, Marshall. 1965.
Understanding Media: The Extensions of Man.
New York: McGraw-Hill.

[72] McLuhan, Marshall. 1969.
Counterblast.
New York: Harcourt, Brace & World.

[73] McQuail, Denis and Sven Windahl, 1995.

Communication Models for the Study of Mass Communication. 2nd Edition.
New York: Longman.

[74] Malinowski, Bronislaw. 1922/1961.
Argonauts of the Western Pacific.
New York: E. P. Dutton.

[75] Mast, Gerald and Marshall Cohen (eds.). 1974.
Film Theory and Criticism: Introductory Readings.
New York: Oxford University Press.

[76] Meitus, Marty.
"Bagels Popularity is Rising Like Yeast."

[77] Moranis, Rick.
"My Days are Numbered," November 22, 2000.
New York Times.

[78] Myers, Greg. 1999.
Ad Worlds.
London: Arnold.

[79] Nietzsche, Friedrich (trans. R. Hollingdale and W. Kauffman). 1968.
The Will to Power.
New York: Random House.

[80] Nuessel, Frank.
"Culture and Communication" in Marcel Danesi
Encyclopedia of Media and Communication. 2013.
Toronto: University of Toronto Press.

[81] Patai. Raphael. 1972.
Myth and Modern Man.
Englewood Cliffs, NJ: Prentice-Hall.

[82] Penn, William. 1693.
Some Fruits of Solitude.

[83] Rapaille, Clotilde. 2006.
The Culture Code.
New York: Broadway.

[84] Regelson, Stanley.
"The Bagel: Symbol and Ritual" in W. Arens and Susan Montgomery (eds.)

The American Dream: Cultural Myths and Social Realities .1976.
Port Washington, NY: Alfred.

［85］Reischauer, Edward and Marius B. Jensen. 1994.
The Japanese Today.
Cambridge, MA: Harvard University Press.

［86］Renfrew, Colin and Paul Patin (eds.). 2005.
Archaeology: The Key Concepts.
London: Routledge.

［87］Rheingold, Howard. 2003.
Smart Mobs: The Next Social Revolution.
Cambridge, MA: Perseus.

［88］Rieff, Philip (ed.). 1963.
Freud: Character and Culture.
New York: Collier.

［89］Rogers, Everett.
On Diffusion of Innovation.

［90］Sapirstein, Milton. 1955.
The Paradoxes of Everyday Life.
New York: Premier Books.

［91］Saussure, Ferdinand de (trans. W. Baskin). 1915/1966.
Course in General Linguistics.
New York: McGraw-Hill.

［92］Simmel, Georg.
"The Philosophy of Fashion" in Frisby, David and Mike Featherstone (eds.)
Simmel on Culture. 1997.
London: Sage.

［93］Synott, Antony.
"Shame and Glory: A Sociology of Hair," Vol. 38, No. 3, Sept. 1989, 381-413.
British Journal of Sociology.

［94］Theall, Donald F. 2001.
The Virtual Marshall McLuhan.
Montreal and Kingston: Queen's University Press.

［95］Thompson, Michael, Richard Ellis and Aaron Wildavsky. 1990.

Cultural Theory.
Boulder. CO: Westview.

[96] Veblen, Thorstein. 1953.
The Theory of the Leisure Class.
New York: Mentor Books.

[97] Warner, W. Lloyd. 1953.
American Life: Dream and Reality.
Chicago: University of Chicago Press.

[98] Winick, Charles. 1968.
The New People: Desexualization in American Life.
New York: Pegasus.

[99] Winick, Charles. 1995.
Desexualization in American Life.
New Brunswick, NJ: Transaction Books.

[100] Wolfe, Tom. 1970.
Radical Chic & Mau-Mauing the Flak Catchers.
New York: Farrar, Straus and Giraux.

[101] Zeman, J. J.
"Peirce's Theory of Signs" in Sebeok, T. A. (ed.)
A Perfusion of Signs. 1977.
Bloomington: Indiana University Press.

[102] Zukin, Sharon. 2005.
Point of Purchase: How Shopping Changed American Culture.
New York: Routledge.

致谢

我想感谢米奇·艾伦（Mitch Allen），他自 1982 年起就和我一起工作，感谢他建议我写这本书，并建议我在五年后再完成本书的第二版。几年前，我们在旧金山的一家餐厅吃午饭，他认为，对我来说做更多关于物质文化的工作会很有趣。我已经写了一本《布鲁姆的早晨》（*Bloom's Morning*），分析了典型的美国人早晨会使用的各种人造物和使用方式，所以我有兴趣再试一试这个主题。最初，我打算写一本关于方法论的书，然后再写一本分析大量物品的书，但我们最终认为把这两个内容融入一本书更有意义。

我要感谢编辑瑞安·哈里斯（Ryan Harris）的支持，还有阿里阿德涅·普拉特（Ariadne Prater）提供的照片。此外，我还应该感谢所有就物质文化进行过写作的人，他们的作品让我受益匪浅。还要感谢本书编辑迈克尔·詹宁斯（Michael Jennings）、书籍设计汉娜·詹宁斯（Hannah Jennings），以及参与本书出版工作的所有人员。